般若心經的生活觀

星雲大師 主講

《般若心經》全文

觀自在菩薩，行深般若波羅蜜多時，照見五蘊皆空，度一切苦厄。舍利子，色不異空，空不異色，色即是空，空即是色，受想行識亦復如是。舍利子，是諸法空相，不生不滅，不垢不淨，不增不減。是故空中無色，無受想行識，無眼耳鼻舌身意，無色聲香味觸法；無眼界，乃至無意識界；無無明，亦無無明盡，乃至無老死，亦無老死盡；無苦集滅道，無智亦無得，以無所得故，菩提薩埵，依般若波羅蜜多故，心無罣礙，無罣礙故，無有恐怖，遠離顛倒夢想，究竟涅槃。三世諸佛，依般若波羅蜜多故，得阿耨多羅三藐三菩提。故知般若波羅蜜多，是大神咒，是大明咒，是無上咒，是無等等咒，能除一切苦，真實不虛。故說般若波羅蜜多咒，即說咒曰：揭諦揭諦，波羅揭諦，波羅僧揭諦，菩提薩婆訶。

般若波羅蜜多心經
觀自在菩薩行深般若波
羅蜜多時照見五蘊皆空
度一切苦厄舍利子色不
異空空不異色色即是空
空即是色受想行識亦復
如是舍利子是諸法空相
不生不滅不垢不淨不增
不減是故空中無色無受
想行識無眼耳鼻舌身意
無色聲香味觸法無眼界
乃至無意識界無無明亦
無無明盡乃至無老死亦
無老死盡無苦集滅道無

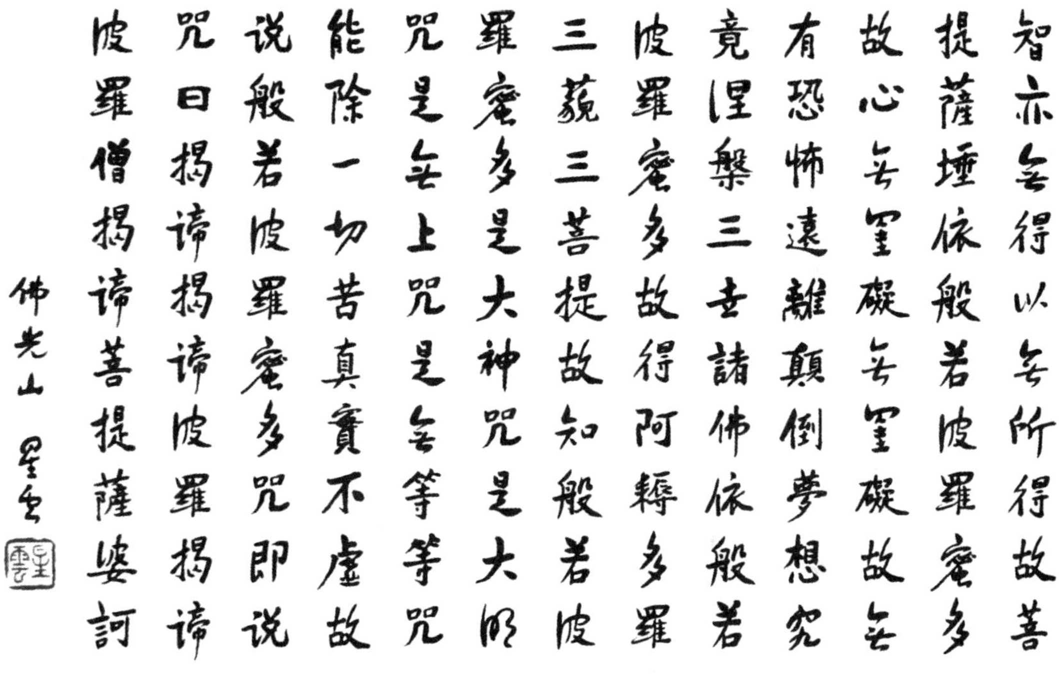
智亦無得以無所得故菩
提薩埵依般若波羅蜜多
故心無罣礙無罣礙故無
有恐怖遠離顛倒夢想究
竟涅槃三世諸佛依般若
波羅蜜多故得阿耨多羅
三藐三菩提故知般若波
羅蜜多是大神咒是大明
咒是無上咒是無等等咒
能除一切苦真實不虛故
說般若波羅蜜多咒即說
咒曰揭諦揭諦波羅揭諦
波羅僧揭諦菩提薩婆訶
佛光山 星雲

星雲大師《般若心經》墨跡

編者謹誌

自從西元四〇二年，《般若心經》被漢譯介紹到中土，便逐漸成為中華文化圈中流傳最廣、大眾最耳熟能詳的佛教經典，幾乎人人都可以背誦全篇，至少是幾句經文；在日常生活中，我們也常常感受到《般若心經》的文字和觀念影響深遠，可說幾乎無所不在。

全名為《佛說摩訶般若波羅蜜多心經》，或略稱為《般若心經》的《心經》，總共只有短短的二百六十字，為何能夠涵蓋人間乃至於宇宙的道理？

什麼是比知識、智慧更高的狀態？心如何才能自由自在？人如何通達生死而出於生死？種種我們面對生命的處境和疑惑，《般若心經》都有最核心深入的解答。

但是，最簡短的心要，往往也是最難解的謎題；如果沒有體會與實證，沒有融入生活之中，兩百六十字的《般若心經》終究只是文句而已，我們可能會入寶山而空手還！

星雲大師的《般若心經的生活觀》，透過一則又一則生動的故事，以及佛法的真義，讓我們了解《般若心經》、活用《般若心經》，在生活中成就最本然、最美好的生命。

下一次，當我們念到「不生不滅，不垢不淨，不增不減」的時候，就會了解生命更高的狀態其實近在自己的心中而已，我們最珍貴的心正是此生最艱難的課題、最巨大的秘密。

人間大自在

星雲大師

我們經常聽人說，「人身難得，佛法難聞」，仔細想來，一點也不錯；所以，我們能夠既得人身又聞佛法，其實是非常幸運的。佛經浩瀚似海，我們一般最常聽聞到的正是《般若心經》，也簡稱為《心經》。

《般若心經》在佛法裡究竟占有什麼樣的地位呢？

在佛教的三藏十二部經典裡，《華嚴經》有「經中之王」的稱譽，共有八十卷。其實，比《華嚴經》更長的一部經稱為《大般若經》，有六百卷。六百卷的《大般若經》，不容易一一深入研究，所幸有一部《般若心經》，是佛經裡面經文最短的一部，只有二百六十個字，可是它卻代表了六百卷的《大般若經》，所以《般若心經》正是《般若經》的中心、宗要。

「般若」二字，在佛法裡面是非常重要的，我們經常聽到，佛陀為一大事因緣來到人間，他「說法四十九年，談經三百餘會」，在這四十九年的說法當中，有二十二年，接近一半的時間都在講說《般若經》。可見「般若」的重要。

《般若心經》是一部什麼樣的經典呢？《阿彌陀經》是一部描述阿彌陀佛極樂淨土殊勝莊嚴的經典；《維摩詰經》是藉由維摩詰居士證得的境界，來闡揚大乘菩薩道；《般若心經》講的則是每一個人最切身緊要的一部經，要認識自己，就要用《般若心經》。我們聽過很多道理，擁有很多常識，但是曾深入了解「講自己的經」嗎？曾深入了解自己的心嗎？

我們看到世間上的眾生，貓、狗要吃飯，雞、鴨要吃米，牛、馬要吃草，人當然也要吃。可是不同的是，牛和馬除了吃草之外，就沒有別的要求了，而人除了吃以外，還有思想和見解。

所以，人在吃飯，可是各人吃出的味道都不一樣。拿喝茶來說，不會喝茶的人，感覺到茶好苦；會喝茶的人，卻是早晚非來點茶不可。人間之中，譬如飲茶，有人好苦，有人甘醇；有人恓惶，有人卻無比自在！

般若就是讓我們在這個人間更自在的法門！吃飯有了般若，飯的味道就不一樣；睡覺有了般若，睡覺的味道就不一樣。大家都在求功名富貴，但是有了般若，即使是求功名富貴，境界、看法卻會不一樣；有了般若，人的生活、思想、境界都會跟著改觀；有了般若，不要說證悟到般若可以成佛作祖，哪怕有一點般若的氣息，人生的情況就會改變。

我不想講深奧的妙理，我只想傳達般若如何運用在我們的生活之中。般若可以改善我們的生活，提升我們的思想，淨化我們的人生境界。有一首詩說：「平常一樣窗前月，才有梅花便不同。」平常時，我們每天看月亮，看慣了，就不覺得它有什麼特別，但是有了梅花點綴，意境就不一樣了。所以說，一樣的生活，有了般若就有不同的體會。佛法應該和我們的生活、人生結合在一起，我想要讓人理解《般若心經》，理解之後，吃飯、睡覺、穿衣、教育兒女、到社會工作，都能用得著、很好用，那麼，這個佛法才是大家所需要的。

佛法對現世人生的幫助，屬「入世法」的範疇。人活在世間終不免三苦八難，遇到挫折與風浪時，如果沒有般若作舟，沉浮其中焉能自在？因此以《般若心經》為智慧之母，時時以心念護持，反身觀照自我，自然在行住坐臥之間，身心自在輕安，處處結得善緣、佛緣，得到修行的大方便、大利益。

除此之外，般若同時也是解脫之法，常樂之法，包含在佛法的「出世法」中。在世間沒有永恆不變的快樂，沒有永遠盛開的花朵，人的生老病死無可避免，事物的生住異滅、成住壞空都無法逃避，只有覓得生命永恆的歸宿，出離短暫變異的世間，才能真正離苦得樂，到達極樂世界。在這個意義上，解脫之法是究竟的佛法。

玄奘大師西行取經之時，也曾得觀世音菩薩化身指點，在遭遇險阻時誦念《般若心經》，得到諸佛菩薩的護持，屢屢化險為夷，絕處逢生。禪宗六祖惠能大師也有言：「何其自性，本自清淨；何其自性，本不生滅；何其自性，本自具足；何其自性，本無動搖；何其自性，能生萬法。」意思就是證道之後，他終於知道自己的本性是什麼了。而惠能大師能證得自性本不生滅、圓滿具足的存在，般若的指引功不可沒，所以說「般若是諸佛之母」。

《般若心經》是為觀世音菩薩所述修行般若的心法概要。有了它做為修行般若波羅蜜的總綱要，或者「去一分無明，證一分法身」，或者「直指本心，見性成佛」，或漸或頓，依此真修實證。人生在苦海中的航行，就有了般若做為燈塔的指引，終能解脫成佛，遠離輪迴之苦，到達極樂的彼岸。

因此在現代社會，能有一卷《般若心經》，深解其義，不管在世間或出世間，信受活用，真是勝過一切法寶！

佛陀紀念館竣工後示意圖

佛光山百萬心經入法身

佛光大佛將裝藏百萬《心經》
邀請您抄經祈願　共結萬人緣

一時千載
千載一時
佛光山邀請您
抄經祈願
虔誠抄寫一部《心經》
集百萬人寫經願力
奉納於佛陀紀念館一〇八公尺世界最高的
銅坐佛佛光大佛像內
以此功德回向
世界和平　國家安樂
闔家平安　所求滿願

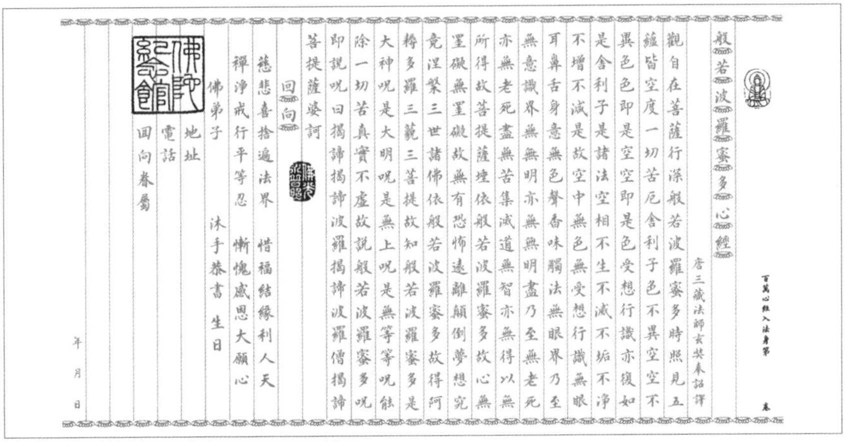
百萬心經入法身第　卷

般若波羅蜜多心經

唐三藏法師玄奘奉詔譯

觀自在菩薩行深般若波羅蜜多時照見五蘊皆空度一切苦厄舍利子色不異空空不異色色即是空空即是色受想行識亦復如是舍利子是諸法空相不生不滅不垢不淨不增不減是故空中無色無受想行識無眼耳鼻舌身意無色聲香味觸法無眼界乃至無意識界無無明亦無無明盡乃至無老死亦無老死盡無苦集滅道無智亦無得以無所得故菩提薩埵依般若波羅蜜多故心無罣礙無罣礙故無有恐怖遠離顛倒夢想究竟涅槃三世諸佛依般若波羅蜜多故得阿耨多羅三藐三菩提故知般若波羅蜜多是大神咒是大明咒是無上咒是無等等咒能除一切苦真實不虛故說般若波羅蜜多咒即說咒曰揭諦揭諦波羅揭諦波羅僧揭諦菩提薩婆訶

回向

慈悲喜捨遍法界　惜福結緣利人天

禪淨戒行平等忍　慚愧感恩大願心

佛弟子　沐手恭書　生日

地址

電話

回向眷屬

佛陀紀念館

年　月　日

「百萬心經入法身」抄經函

一九九八年西藏貢噶多傑仁波切，有感佛光山開山星雲大師對佛教顯密融合的貢獻，將其珍藏的世界上僅存的三顆佛牙之一，送給佛光山。

多年來，星雲大師一直希望能為佛教興建一座可以傳揚千秋萬世的文化藝術館，逢此佛陀真身舍利的殊勝因緣，遂發心興建「佛陀紀念館」。為使更多信眾參與此難遭難遇的殊勝工程，發起「百萬心經入法身」全球抄經活動，希望集百萬人心願，以此功德祈願世界和平，國泰民安，所求滿願。

歡迎向佛光山寺各殿堂或佛光山各地別分院洽詢，奉納經文辦法和索取抄經函。

聯絡電話：886-7-656-1921分機 1212～1219

網址：http://www.bltv.tv/events/heart/index.html

經文奉納金匯款帳號：

郵政劃撥　戶名：財團法人人間文教基金會

帳號：19254842

銀行匯款　銀行：永豐銀行忠孝分行（代號 807-0058）

戶名：財團法人人間文教基金會

帳號：005-004-9107828-5

目錄

《般若心經》全文 3
星雲大師《般若心經》墨跡 4
編者謹誌 6
人間大自在 8
佛光山百萬心經入法身 12

【上卷】瞭解般若與心

摩訶：大、多、勝 18
般若：超越知識與智慧 20
波羅蜜多：從此岸渡到彼岸 44
心經：心的道路 56

關於《般若心經》的譯者：玄奘大師 70

【下卷】透過故事讀心經

自在最難得 76
因緣如花開花謝 136
無我的狀態 160
超越身心的限制 170
沒有煩惱的人生 182
「真空」才得「妙有」 196
「無」最快樂 204
心的大自由 218

附錄：心經關鍵字 234

《般若心經》的全名是《佛說摩訶般若波羅蜜多心經》。

「佛說」，意味著經典都是佛說的，不過現在有一些外道的經典也假藉「佛說」，所以偽經很多，看的人要用般若的智慧去辨別。上卷就把經的題目分成「摩訶」、「般若」、「波羅蜜多」、「心經」來一一解說。

【上卷】瞭解般若與心

摩訶：大、多、勝

「摩訶」（ㄇㄛˊ ㄏㄜ）是什麼意思？佛教唱誦的許多讚偈（注）裡，像「爐香讚」，最後三稱是「南無香雲蓋菩薩摩訶薩」，所謂「摩訶」共有三個意思。

一、是「大」的意思。「摩訶薩」就是大菩薩。那麼《摩訶般若波羅蜜多心經》，就是《大般若波羅蜜多心經》，也就是《大般若經》。

二、是「多」的意思，亦即豐富的意思，表示這部經裡有好多的功德。

三、是「勝」的意思。《般若波羅蜜多心經》是很偉大、殊勝、甚深的一部經，可以說是佛教的綱要。

《般若心經》包含了《般若經》的思想，以它來代表大乘佛教的思想，是很殊勝、特別的法門。

注：佛教的讚偈除了爐香讚以外，戒定真香讚、寶鼎讚等，最後三稱也都是「南無香雲蓋菩薩摩訶薩」。

般若：超越知識與智慧

下面講到「般若」，這兩個字與我們有很重要的關係。這兩個字一般會念做「般ㄅㄛ若ㄖㄜˇ」，但是我們要叫「般ㄅㄛ若ㄖㄜˇ」，台語則念成「般ㄗㄟ」。「般若」是音譯，在梵文裡面叫做「般ㄅㄛ若ㄖㄜˇ」，所以不可把它的音改了，台語也應該叫「般若」。

「般若」究竟是什麼？

釋迦牟尼佛還沒有出家時的名字叫做「悉達多」，那麼悉達多的母親是誰？大家都知道是摩耶夫人，摩耶夫人就是悉達多太子的母親，淨飯大王的王妃。那麼我要繼續再問，佛陀的母親是誰？

佛陀的母親是「般若」。

我們可從經典裡面的一句話「般若為三世諸佛之母」來說起。所謂「三世諸佛」，人怎麼會成佛？是什麼把佛生出來了？佛是般若生的，至於人能不能成佛，就看有沒有般若了。那麼般若究竟是誰？般若不用到外面去求，也不是另有一個母親，其實人人都有般若。

般若是什麼？般若就是我們的本來面目，就是真我。現在的我是假我，真我是般若，我們人人都有一個真理般若。人所以愚痴、愚昧，就是因為不能認識般若，不能認識自己的本來面目。現在我們讀《般若心經》，就是為了認識自己，找到自己回家的道路，把每一個人自己的本源探究出來。

我們一般說，般若不就是智慧嗎？不錯，梵文的「般若」用中國的字來說明是「智慧」，但是智慧不能代表般若，只能勉強的說般若是智慧。現在為了說明般若，我分幾段來釐清，第一段講般若與智慧有什麼不同。

般若與智慧有何不同？

一、般若是絕對的善

智慧有時候有善有惡，而般若絕對是善的。科學家製造電話，讓我們在幾千里路以外就可以和別人通話；製造電視，讓幾千里外的人都可以看到表演；製造冰箱、冷氣、電腦，讓人類的生活更為便利，諸如此類，科學家的智慧真是了不起。但是，科學家製造的許多科技文明，例如飛機，若是用來運輸還好，如果是用來作戰就不好了。甚至於摩托車、汽車的發明，有利益我們之處，也有害於我們之處。所以，科學所帶來的文明是有利有弊的，而般若的智慧則是對我們有利而無害。

二、般若是不可說的

「般若」是不可說，無法說的，就是說也說不清楚、說不明白。等於瞎子摸象，一個瞎子摸到象的耳朵就說了：「你們知道大象像什麼嗎？我知道了，像芭蕉扇。」

一個瞎子摸到大象的鼻子，他說：「不是、不是，不像芭蕉扇，大象像什麼？像個鉤子，可以勾東西。」另外一個瞎子摸到象的尾巴，「你們說的都不對，大象像什麼？像個掃把。」還有一個瞎子摸到象的腿，「你們都不對，大象像什麼？像根柱子。」

大象像什麼？雖然他們都說對了一部分，但卻不是大象的全貌。整頭大象的形貌究竟如何？要開智慧的眼睛親自一看，才會知道大象是什麼樣子。般若能打開智慧之眼，讓人認識宇宙人生究竟是什麼樣子。沒有般若就等於是盲人摸象，只能對這個世間的枝末、局部作猜測，對整個宇宙人生不能全然了解。

般若是不可說的。比方眼盲的人問：「月亮像什麼？」你回答說：「月亮有光，它的光像蠟燭。」那麼眼盲的人看不到月亮，就來觸摸蠟燭，「喔！我知道了！月亮像什麼？月亮長長的。」你告訴他：「不是呀，不是長長的。」那月亮像什麼？你再說：「像盤子一樣。」他又摸摸盤子，「喔！月亮像什麼？盤子摸起來冷冰冰的，所以月亮是冷的。」因為他沒有看到月亮，因此只能分別猜想月亮的樣子，但那卻無以涵蓋全貌。

眼盲的人不知顏色差別，你告訴他白色就像百合一樣。那麼，把百合朝他面前一擺，一摸，百合動了一下，他就說：「喔！我知道什麼是白顏色了，白顏色是會動的。」你說：「不是呀！白顏色像白雪一樣。」他摸一摸白雪，「唉呀！好冷。」你再問他：「白色是什麼？」他會說：「是冷的。」但都不對。

我們眾生都是用各人的成見與見解，去分別、認識這個世界。也可以說，平常講的智慧，是從心外去認識世間，而般若則是從心內來認識世界；般若是往心內去探求，不是向心外去尋找。

三、般若是禪

般若如同禪一樣。禪有禪機，禪機在哪裡？到處都有，因緣到了，機緣成熟了，就像音樂一開，啊！突然間就開悟了。

般若也是一樣。過去有一首流行歌曲這樣唱：「薔薇薔薇處處開，薔薇薔薇處處在。」那麼我們現在改過來說：「般若之花處處開，般若之花處處在。」般若的光到處都在；人若不懂，天天跟他講般若，他還是弄不清什麼是般若。

禪宗六祖惠能大師曾集合門下弟子，召開一次眾會，六祖大師說：「我有一個謎語給你們猜一猜，看哪一個猜對了。」於是大家便認真地聽六祖說：「我有一物，無頭無尾，無背無面，無名無字，你們說是什麼東西？」六祖座下有一個很年輕、很聰明的首座弟子，叫做神會，他說：「我知道，這是諸佛之本源，眾生之佛性。」意思就是這個東西不好用什麼名稱來說。

六祖大師一聽，說道：「我跟你講沒有名沒有字，你偏要說本源，偏要說佛性。假如你將來有辦法，頂多也只是做一個宗教裡的知識份子，不是宗教裡的一個大修行家。為什麼？你從知識上來認識，從分別上來認識，沒有從無分別的智慧來認識；你從分別的智慧來說明，沒有從無分別的般若來說明。」

我常有一個感覺：是佛法的，有時候不是佛法，不是佛法的反而是佛法——關鍵就看你有沒有般若。比方我們穿著袈裟念經拜佛，樣子是在拜佛，但是心裡面卻妄想紛飛，那麼是佛法的也不是佛法了。我行布施、救濟，不過心裡貪心，希望人家感謝，覺得自己很榮耀，很了不起，那麼布施本是佛法，也變成不是佛法了。

又例如禪宗公案裡，老師打學生，師父打徒弟，打人雖不是佛法，但是一打，他認錯了，「我錯了、我改過、我懺悔！」那麼打人也是佛法。罵人不是佛法，但有時大聲一喝，他警覺到我錯了，回頭向善了，那麼罵人也是佛法。

我們看到歷代禪宗的祖師，他們對學習者的教育，有時候是違反倫常的。在禪宗語錄裡可以看到，有時師父跟徒弟講話，徒弟上去就是一拳，而師父還哈哈大笑；笑過後，又給他兩個耳光，徒弟又再拿個棍子打師父。我們看到，心裡可能很吃驚：這成什麼寺院？成什麼體統？成什麼師徒？可是他們在那兒打架，打的卻都是佛法，那是最微妙的教育、最微妙的禪機，那是禪宗的「棒喝」教育。

要了解般若，不能用一般的觀念來理解，因為般若不是常識、知識；用常識、知識來測量般若的樣子是摸不出來的。因此，如何透露般若的氣息？般若究竟是什麼樣子？是要透過真修實證，才能獲得的。

般若不能把它翻譯成「智慧」，因為智慧有時是錯的，知識是靠不住的；因為知識會害病，「知」識一害病，就變成愚「痴」了。俗話說：「聰明反被聰明誤。」所以，聰明、智慧是不可依賴的。

過去有一個長老，叫做會覺老法師，我記得有一次在開學的時候，身為院長的他對著好多青年學生說：「你們要知道我有一個個性，我最討厭聰明的人。」這句話耐人尋味。現在的父母都希望兒女聰明，都希望兒女考試成績好，但這有時候是錯誤的，光是聰明是不夠的。貪官污吏、做壞事的人往往很聰明，我們要設法使他在聰明以外還要有德性，也就是要有般若。

用儒家的三達德「智、仁、勇」來說，般若是大智慧，是智；般若是大慈悲，是仁；般若是大菩提，是勇。把智、仁、勇，把智慧、慈悲、菩提加起來，就叫做般若。

般若的大智慧，不是認識虛假的外在，不是偏見邪見，而是要認識宇宙人生的真相。

怎麼樣才能認識真相呢？

舉例說，一個老婆婆經常到寺院拜佛，有一天她起得早，天還沒亮就拜佛去了。走在寺院的丹墀裡，一不小心踩到了一個東西，「不得了，我踩死了一隻青蛙！我來拜佛是為了求功德，今天反而踩死了一隻青蛙，罪過呀！」回家後，老婆婆天天不忘自己踩死了一隻青蛙，「罪過呀！罪過呀！怎麼辦？」心裡鬱結想不開，去找寺裡的師父替青蛙超度，替她消災解冤仇。

當她來到客堂，向知客師說明時，知客師先是驚訝，「什麼？你怎麼在我院子裡踩死青蛙，在哪裡呀？」「我帶你去看。」一看之下，原來不是青蛙，是個茄子，老婆婆心裡頭的陰影、罪業、冤仇頓時間，通通都沒有了。

所以，大智慧就是要去認識真實的情形，不認識真實的樣子，就給外在的是非假相迷惑了，自己也就變得患得患失。人要有修養，要有不為苦樂所動的大慈悲。行慈悲，不是為了什麼目的，別人對我好與不好都沒關係，不需要別人來稱讚我，來說我好話。

日本有一位有名的詩人說了一句話，他說：「你們知道宇宙有多高嗎？宇宙只有五尺高，在五尺高的宇宙裡，要容下我們的六尺之軀，怎麼辦？只有低下頭來。」所以，我們在宇宙之間生活，要養成仁愛心，養成大慈悲心，從謙虛、忍耐裡，把自己擴大到無限，人格才能養成。還要懂得般若，般若是人間最微妙、最巧妙的生存之道、處世之道，有了般若智慧就能看破、放下，什麼都不計較，什麼都不在乎。

般若不是消極的，般若是非常積極的，所以是大勇猛的大菩提。什麼是大勇猛？就是對止惡向善，對斷除煩惱，趨向解脫之道有很大的勇敢。

般若與智慧有什麼不同？以佛法來說，般若是「勝義智」，智慧是「世俗智」。不過，要認識勝義智的般若，還是要從世俗的智慧開始。如何認識這個無分無別的般若，也是要從有分別的智慧慢慢學。

般若的種類

般若有幾種？我認為可從「文字般若」、「觀照般若」、「實相般若」三個面向認識。

一、文字般若

什麼叫做文字般若？譬如有人要找地方搭捷運，旁邊的人遠遠看到捷運的標誌，用手指一下，他就知道了，那麼這個符號就是般若，就是文字般若。凡是一個符號，無論它是文字、繪畫、雕刻……，能給人認識某一件東西的，都屬於文字般若。

二、觀照般若

什麼叫做觀照般若？般若沒有觀照，就不能認識事物的內在。所以，東西不是光在相上認識，還要去觀照。

舉一個例子說，痲繩。痲它本來不是繩子，可是把痲捻成繩子，就可以用來打水，可以捆包袱，但你看到繩子，就會想到這是痲。不過有的人他不會去觀察痲的功用，不知道它能做成繩子來捆包袱、吊桶子、綁東西，不認識這是痲，還把一條繩子當成了蛇。

把繩子看成是蛇的很多，把樹看成是鬼的人也多得很。「有一個鬼，我親眼看到的。」「在那個裡面？」走近一看，不是，是棵樹。

像中國歷史上有一個「杯弓蛇影」的故事。一個客人到朋友家吃酒，看到酒杯裡面有一個黑影，心裡就想：那個黑影是什麼？談話中，那個朋友拿起酒杯「請！」這麼一吃，黑影沒有了，心裡害怕起來：「不得了，剛才這個酒杯裡好像有一條小蛇，我把牠喝到肚子裡面了。」

當時他覺得要對朋友說出事實，顯得沒有禮貌，也就沒有說。不過回家後，卻一直不放心，老想著：「糟了！我今天吃了一條蛇。」由於他每天想著肚子裡有蛇，看什麼醫生也看不好，天天萎靡不振的結果，就真的生病了。

後來朋友知道了，覺得奇怪：「到我家來喝酒喝到蛇，我家怎麼有蛇呢？」有一天，他也同樣坐在那個位子上喝酒，看到酒杯裡的影子，他終於懂得了，原來那是牆上一支弓箭映照下來的影子。於是他又再邀請那個朋友來喝酒，這回朋友不肯來，不過最後在他再三的邀請下，不得已還是來了。

這一天，他還是給朋友坐在原位。因為他知道用講的沒有用，還是要讓他看到事實的真相。當他坐在那兒吃酒時，又再看到影子，「哎呀！不得了，這是一條蛇。」「哪裡？」「你看、你看！」「不是！」於是主人把牆上的弓箭拿下來，酒杯裡的影子也跟著消失了。這就說明，心雖然是虛妄的，而虛妄心卻也有很大的力量。

佛教講「三界唯心，萬法唯識」，心的力量是很大的。過去有人為了試驗心的力量究竟有多大，到牢獄裡面找了一個被判處死刑的囚犯，告訴他：「你要死了，要被砍頭了，砍頭好辛苦，好淒慘喔！我現在有一個好辦法幫助你。我是一個醫生，我只要用針筒慢慢把你的血液往外面抽，就能讓你一點都不痛苦的死去。你是願意被砍頭呢，還是願意不知不覺的死呢？」

「當然是不知不覺的死。」

「好！你躺在這裡不動，被單蓋起來。」於是他替囚犯打了一針，並且在床的旁邊弄了一個自來水管，讓它不斷地發出「滴、滴、滴」的聲音。他不時的在囚犯耳朵邊上講，「不得了，你的血流了好多，痛苦不痛苦？」「不痛苦。」「你聽到血的聲音嗎？你聽，一滴一滴，血都流了走了。」這樣經過了一段時間，囚犯真的死了，不過他身上的血一滴都沒有流出來。

這就是心的力量。這還只是虛妄心，不是般若心，般若心比虛妄心有更大的力量。虛妄心尚且能以假為真，假如換作是觀照般若，必定會對宇宙世間認識得更清楚。

三、實相般若

實相般若，由文字而觀照，由觀照而實相。實相就是真實的樣子。我們不知道宇宙人生的樣子，就是不知道真實的樣子，也就是看不出實相是什麼。

舉個例子，桌子是什麼？在我們的常識裡面，怎麼會不認識？這是桌子。但是我說：「你說錯了，這個不是桌子。桌子只是一個假相，它的真實樣子是木材，木材做成窗子就是窗子，做成椅子就是椅子，做成樑柱就是樑柱，木材才是真實的樣子，你說的桌子是假相。」不過，你這麼一聽，我再問這是什麼？你會說這是木材。錯了，木材也是假相。那它是什麼？它是大樹，樹木是木材真實的樣子。那麼再問你這個是什麼？大樹。錯了！這不是大樹。這是什麼？這是種子、土壤、肥料、水分、陽光、空氣，眾緣和合所成。所以，實相是什麼樣子？眾緣和合。你要認識「緣」，才能知道它的真實來源，真實的樣子，認識到它的根本，其本來面目。

人人都有一個本來面目，或說真心、佛心、實相、般若、法身；看起來名稱很多，實際上意義只是一個。例如，這是個房子。房子是假相，它真實的實相是由土、水泥、石子、沙、木材、人工等和合而成。

我們的內在都具備有一個真實的佛性，其中有很大的功德。只是這個真我，往往我們自己不知道，不認識。這是什麼？這是花，那是衣服、手巾、茶杯、書，這個人是張三、那個人是李四，我們認識了很多的假相，但是我們不能認識無相。無相才是實相，有相都是假相。《金剛經》裡說：「凡所有相，皆是虛妄。」

有一個故事，太太向丈夫說：「今天難得我們兩個都在家，就拿點酒來喝吧！我們缸裡釀製的酒大概快好了。」於是丈夫就到地窖裡拿酒。酒缸蓋子一打開，丈夫忍不住一把無名火起：「妳這個不要臉的女人，原來妳趁我不在家的時候，在酒缸裡面藏了一個男人。」

太太直喊：「冤枉，沒有男人啊。」丈夫不信，說：「有，我明明看到酒缸裡有個男人。」「好！我到酒缸裡去看。」太太一看，更是怒火中燒：「你這個沒有心肝的東西，你在酒缸裡面藏了一個女人，怎麼還說我藏了一個男人！」

兩個人就在那裡吵起架來。這時候，來了一個外道婆羅門，剛巧要來看這兩個徒弟，發現兩人在吵架。太太說：「師父，我先生在酒缸裡面藏了一個女人。」丈夫說：「師父呀，我太太在酒缸裡面藏了男人。」

這個婆羅門聽了，就往酒缸裡一看，這一看，不得了「你們兩個真不是東西，已經拜我做師父了，怎麼另外又找一個師父回來呢？我不管你們的事情了！」他生氣地走了。外道同樣不能認識真相，而兩個夫妻還是繼續在吵架。

後來一個出家比丘經過，正在吵架的夫妻倆於是請比丘來為他們評理。比丘一看酒缸，「原來是這樣！」於是他拿起一塊大石頭對準酒缸打去，把缸打破了，酒便流了出來。這時候，男人也沒有了，女人也沒有了，兩人才知道原來這是假相，是不實在的，是錯誤的認識。

所以，佛法要從無相裡認識實相，因為有相都是假相。

什麼是無相？所謂「虛空無相」，虛空是什麼樣子呢？世間上，任何東西都是虛空的樣子。譬如這個長方形的房子裡也有虛空，虛空因為房子是長方形的，所以它就是長方形的。茶杯裡面也有虛空，虛空因為茶杯是圓形的，所以它就是圓形的。因此，虛空是無所相、無所不相。

因為無相所以無所不相，無所不相就是實相。

執著就是假相，無相就是不執著，也就是實相。

般若的體相用

一、般若的相

般若本來只有一個，何必把它分成文字般若、觀照般若、實相般若呢？這是為了分別般若的層次：「正見」是凡夫的般若，「緣起」是聲聞、緣覺二乘聖者的般若，「空」是菩薩的般若，「般若」是佛的般若。

最高的般若要到佛的境界才有。

所以什麼是般若？正見是般若，緣起是般若，空是般若，般若當然是般若。

凡夫的般若是初級的般若，就是要具有正見。例如一般人為了買股票，會買一大堆禮品到寺廟裡去拜拜，祈求佛祖能讓他賺大錢。明天漲停板了，趕緊買水果來禮拜，感謝佛祖保佑；跌停板了，就不肯再買水果、鮮花來拜，往往只是憑自己一時之見，對很多事情沒有一個公平、平等的看法。其實，人人都要知道，經濟上有經濟上的因果，要正見因果的理則，不可以認知錯誤，錯亂因果。

所謂「正見」，就是不管如何，我向道的信心都不被破壞，信仰都不會動搖。

二、般若的體

能有正見，就是擁有凡夫的般若智慧；能認識緣起，就是擁有小乘聖者的般若；能認識空，更是不簡單了，要到大乘菩薩的階段才能認識，而真正的般若，則是佛才能懂得。

好比學生讀書，小學讀歷史，中學讀歷史，大學也讀歷史。般若的證悟也是一樣的，在佛教修行的層次裡，證悟是一步一步來的。文字般若就等於覺悟，觀照般若就等於實行，實相般若就等於性體，本性的自體。我們也可以這樣說，文字般若就是駕駛的船；觀照般若就是駕駛的技術；實相般若就是目的地。以開車為比喻：車子是文字般若，駕駛技術是觀照般若，到達目的地就是實相般若。

三、般若的用

般若究竟有什麼作用？般若的用處很多。你賺錢做什麼？錢能解決生活問題；你讀書做什麼？讀書可以增加知識，將來可以成功立業。在世間做什麼事都要講求「用」，般若有什麼用？

般若的用處

一、可以正信真理

要正信真理很難。人不能沒有信仰，信仰就是力量。但是你信仰宗教，他也信仰宗教，有時候邪信卻不如不信好，不信不如迷信好，迷信不如正信好。

有人說自己對信仰很虔誠，但是信錯了，卻是無比危險。也有人說，我什麼都不信，不信沒有了不起，不信不如迷信好。你看許多老公公、老太太在神明面前拜拜，他雖然迷信，但是他們的信心好純潔、好高尚！迷信只是因為一時不了解，但至少他有善惡因果觀念，懂得去惡向善；不信的人，則如一個人不用大腦思考，不肯張開眼睛看世界，那麼永遠也沒有機會認識這個世界。

當然，信仰宗教最終是以「正信」最好！正信不是憑嘴巴說的，正信有正信的條件。首先是信仰對象的條件：信實在的、信有能力的、信有道德的。我們現在信佛，佛是否合乎信仰的條件呢？

正信實在的。佛是實實在在的，他有生養他的父母，有生養他的國家，在歷史上也有他修行的經過，所以他確是實實在在的大覺佛陀。

正信有能力的。佛陀是有能力的，《佛遺教經》說：「我如良醫，知病說藥，服與不服，非醫咎也；我如善導，導人善路，聞之不行，非導過也。」我雖是良醫，知病與藥，你若不吃我的藥，過失不在我醫生；我如善導，導人善路，你若不照我的路走，不能怪我，因為我確實是有這方面的能力，只是你不願奉行。

正信有道德的。合乎正信的條件之一就是要有德，若我們所信仰的對象，本身仍有貪、瞋、痴，煩惱尚未斷盡，生死尚未解脫，又如何能引渡眾生呢？所以，信德是正信與否的最重要考驗。

真理的條件是什麼？

一、具有普遍性、必然性、本來性。真理是有條件的，並非公說公有理，婆說婆有理。真理的條件是什麼？要具備普遍如此、必然如此、本來如此，不是你說你講的是真理，它就是真理，而要看你說的話是否合乎這三個條件。

比方佛教說有生必有死，這就合乎真理的條件。所謂「有生必有死」，古人生了要死，今人生了也要死；外國人老了要死，中國人老了也要死，這合乎普遍如此、必然如此、本來如此，所以這句話是真理。

二、具有合乎三法印的條件。佛教裡的「三法印」——諸行無常、諸法無我、涅槃寂靜；這三個是真理。三法印，就是印證佛法的三個條件。所謂「諸行無常」，世間上無論什麼東西，在時間裡面沒有不變的；「諸法無我」，在空間裡面沒有獨自存在的。我們若能懂得諸行無常、諸法無我，也就能認識「涅槃寂靜」。

大海裡面的水波濤洶湧，一個浪起，一個浪滅，一波推著一波，不停的變化，就在說明「諸行無常」、「諸法無我」的道理。假如我們能從波濤洶湧裡進一步認識波，其實它就是水，水是寂靜的，水是不動的。所以，從動亂裡，也能認識一個靜的本性來，也能看見它的本來面貌；從千差萬別裡面，也能認識一個平等的樣子來。因為無明的風起，所以水才會動，而其實它的本性是靜的，即使是在動盪中，它的本性也還是靜的，那就叫涅槃寂靜。

人死的是軀殼，而人的本性不死。人人都有涅槃寂靜，只是因為涅槃寂靜裡面起了妄動，所以才有生老病死、憂悲苦惱。等到生老病死、憂悲苦惱一解脫，我的本性就是不生不死，就是不生不滅，就是不動不靜，就還回我們本來的般若，本來的面目了。

二、可以證悟般若

般若有什麼用處？沒有般若，就不能證悟般若；沒有本來面貌，就不能認識本來面貌。好在我們有般若，可以認識我們自己。

三、可以明白實相

般若可以明白真實的樣子。般若是正見緣起，了悟諸法空性的智慧，有了般若就能認識「緣起性空」，進而能證悟宇宙人生的真理，成就佛道，所以般若是菩提之「因」。能夠認識「緣起性空」、「不生不滅」的諸法實相，就是般若。因此，般若是一種能透徹宇宙實相的智慧。

四、可以斷盡煩惱

了解不生不滅，涅槃寂靜，回到本來面目，何懼之有？何煩惱之有？

般若有知苦滅苦，觀空自在的功用，沒有般若的人生，欠缺正見，易為外境煩惱所轉，而在起惑、造業、受苦中輪迴不已。有了般若，便可開發自性之光，證悟自己真實的生命，從生死的此岸安渡到解脫的彼岸，此即「波羅蜜多」。

波羅蜜多：從此岸渡到彼岸

心經的名稱叫做「般若波羅蜜多」，意味著有了「般若」就能「波羅蜜多」。所以，般若有這麼多的用處。

什麼叫做「波羅蜜多」？這是古梵語，「波羅蜜多」是他們的一句口頭語，這一句口頭語在中國話的意思就是「事已成辦」，也就是「事情完成了」的意思。「多」是語助詞，沒有什麼意義，等於人家問：「你吃過飯了嗎？」「我吃過『了』！」多就是「了」，「了」也就是過去完成了。

比方人家問：「你吃過飯了沒有？」你回答：「波羅蜜多！」就是吃飽了；「今天睡覺睡得好嗎？」「波羅蜜多！」表示睡得很好；「你跟某人話都談好了嗎？」「波羅蜜多！」表示談好了。

「波羅蜜多」就是「度」，也就是「從此岸渡到彼岸」的意思。有了般若，就能把我們從「迷」度到「悟」，把我們從「痛苦」度到「快樂」，把我們從「動」度到「靜」。有了般若，人生沒有苦只有樂，沒有動亂只有寂靜，沒有愚痴只有覺悟，有了般若就能得度，就能波羅蜜多了。

有一個趣談是這麼說的：有一位日本音樂家，帶了一個學生到外面去表演。由於日本音樂家的穿著，與和尚穿的衣服一樣，因此，當他們住到一個鄉鎮的小旅館時，半夜隔壁有一位婦人難產，小孩生不下來，肚子痛得大喊大叫。後來家裡有一個人就說，隔壁旅館裡好像有一個老和尚和一個小和尚來投宿，就請他們來念經消災吧。

音樂家一聽，就說：「我不是和尚啊！我們是唱歌的。」但是家屬仍然一再拜託：「哎呀！你不要這樣，請你發個慈悲心，這是個要緊的時刻，請你務必來念個經啊！」

這個音樂家給他這麼一講，心裡想：「這怎麼辦呢？我又不會念經。」但是看這個婦人在那裡哭叫，又不忍心。於是這個老師就跟徒弟說：「算了！我們乾脆唱個歌吧。」那個徒弟問道：「生小孩的歌怎麼唱？老師你先來。」

老師就這樣開始唱了。但是唱到「摩訶般若」時，就唱不下去了，趕緊要一旁的學生接下去，學生隨口就唱：「一時二時已過，三時就要生下來。」沒想到，小孩真的在三時就生下來了。當小孩子哇哇叫時，他們一家人都好高興，認為師父好慈悲，好有功德，好偉大，經過他們的一消災一念經，小孩就平安出生了。

這雖然是一個巧合，不過從這當中就可以知道，般若就是一個巧合，有了般若，處處都有巧合。

所以，「般若」是佛法的中心，是我們生活的心要，追求般若、得到般若，就能心無罣礙，自由自在！

如何能波羅蜜多呢？

怎樣才能「波羅蜜多」？我們要從迷到悟、從苦到樂、從動亂歸於寂靜、從煩惱進入涅槃。我們學佛的目的，就是要求得成佛、了生脫死、斷除煩惱，也就是要波羅蜜多。你要波羅蜜多嗎？你要得度嗎？經典裡面告訴我們「六波羅蜜」的「六度」法門。

所謂「六度」，就是「六種得度的方法」。第一是布施，第二是持戒，第三是忍辱，第四是精進，第五是禪定，第六是般若。有人喜歡布施，有人喜歡持戒，有人長於忍辱，有人專於精進，有人一心禪定，有人智慧高超，但是都能波羅蜜多。

六波羅蜜是佛教的大乘菩薩道，或許有人會說：「為什麼六度法門看起來很淺顯？」布施，沒有信佛教的人也在布施，就是其他宗教，也都在行布施；持戒，不是佛教徒，也要守法，就是其他宗教也都有它的戒條。

以布施為例，一般社會上的布施，布施者在行布施的時候是有人我關係的。比方說，你很苦，我很好，所以我要布施給你；你很可憐，我很有辦法，所以我要布施給你。我是能布施的人，你是受我布施的人，你要感謝我；我能夠廣結善緣，想來還真是了不起；助人為快樂之本，我到處救苦救難，幫助了社會上好多人。或者是你對我好，所以我要報答你，布施你；我喜歡你、尊敬你，所以我要布施你。這些都是世間上的布施，其中有人我觀念，有貧富觀念，在「相」上面是有差距的，所以叫作「有相布施」。

佛教的布施是無相的，無相才能波羅蜜多。

有相布施雖也有功德，但還只是小小功德、人天福報。《金剛經》裡說，假如有人能受持經典裡的四句偈，並且用這四句偈對人解說，其功德將勝過用三千大千世界七寶布施。為什麼講說一點佛法，功德就能超過那麼多的財富？我們要知道，財寶雖多，總是有限量，法施雖少，卻是無限量。我給你一萬元，你今天用不完，明天也會用完；今年用不完，明年就用完了。用錢的時候，究竟用得如法不如法，當中的善善惡惡，也很難說。假如我能為你講說一個佛法，講說一個忍辱法門，你聽入心裡以後，打從心裡知道忍辱的重要。那麼，這種能忍的修養和精神力，你能持續不斷，今年忍，明年忍，十年、五十年後，甚至於來生都能忍，其功德利益將會讓你生生世世受用不完。所以佛法能給予人們無限的受用。

講起六波羅蜜、六度，一般人都認為很難實踐。世間上，有的人由於喜歡人家感謝而布施，喜歡人家說好話而布施，或者歡喜某個人而布施，甚至要想擁有一個行善的名義而布施。或許有的人會說：「能做到這樣就已經很難了，佛教還叫我們要無人我、無對待、無相布施，做了布施，做了善事，做了功德，還要在心裡上說我沒有做，這太困難了！」其實，如果我們真正懂得「六波羅蜜」的意思，做來就不困難了。

說到布施，第一個要問的是：布施是給人呢？還是給自己呢？如果我們認為布施是給人家，當然是很難實踐，假如想到布施是給自己，就很容易做了。但有的人會覺得奇怪：「布施不是給人家嗎？怎麼會說是給自己呢？」

其實，布施不完全是給別人，也是給自己。你不播種，哪裡會有收成呢？你沒有布施，哪裡能有所得呢？所以，布施看起來是給人，實際上是給自己。我們行布施時要想到，布施是發財的方法，我想要發財，就要布施；我想要有人緣，就要行布施。

說到持戒，有的人一聽到持戒，也會覺得它很難，總以為持戒就什麼都不能做、不自由了。所以，很多本來有心想要信佛教的人士，一聽到持戒，就退縮了：「算了吧，我還是不信比較好，免得信了這個宗教之後，帶給我很多的麻煩。」

其實，持戒究竟是束縛還是自由呢？戒的精神是自由的，不是束縛的，要持戒才能自由，不持戒就不自由了。假如各位有興趣，可以了解一下全台灣各地監獄的情況。全台灣的監獄我都去過，也都和他們談過話，所以我能了解這些人為什麼失去自由，主要就是他們沒有持戒，犯了法，所以失去自由。

佛教裡面講五戒：不殺生、不偷盜、不邪淫、不妄語、不飲酒。現代社會，過失殺人、傷害人，要坐牢；犯了罪，被警察抓到牢獄去，當然就不得自由了。所以，不持戒必然失去自由。如果持戒呢？人家說：「平時不做虧心事，半夜敲門心不驚。」持戒因此可以波羅蜜了。

說到忍辱，忍辱對一般人來說也很難。所謂「忍辱」，先忍之於口，不惡口；再忍之於面，面孔不動聲色，沒有生氣的樣子；再忍之於心，心上不覺得怎麼樣。一般人覺得忍辱難，是想到忍辱要吃很多的虧。

其實，忍辱究竟是吃虧或是占便宜呢？假如你覺得忍辱是占便宜，你就肯忍辱了。事實上，忍辱的確也就是占便宜，「忍一時風平浪靜，退一步海闊天空」！用打、用罵、用力量與人對立、吵架，是不能令人折服的。

忍辱而能有慈悲，忍辱能有修養，忍辱的力量是世界上最大的力量。經典裡面說，會布施或會持戒，其功德都不及能夠忍辱，忍辱的功德是布施、持戒所不及。所以要想得自在，學佛法的人，學習忍辱是必須的。在家庭裡，你能忍辱，家庭就能和平；在社會上、機關裡，你能忍辱，就會給人有好感。所以，忍辱能得到很多方便，是討便宜的。忍辱可以波羅蜜，可以離苦得樂。

至於精進，就是我們一般所說的「要努力」。有的人一聽到人家說要努力、精進，他總是懶洋洋的，提不起精神，覺得精進好辛苦。假如你能把精進視為快樂的，不受苦的，那麼精進也就不為難了。

比方說，掃地、洗衣服好辛苦，不過你把家裡打掃得很乾淨，把衣服洗得很乾淨，把家裡都能整理得很好，不也會感覺到好舒服、好輕鬆、好自在嗎？所以，勤勞、精進帶給我們的是舒服、愉快。又例如，你為了一家人的生活，努力做事、賺錢、為社會服務，雖然辛苦，不過一家老少都因你的所得而能增進生活的滿足，這不是很快樂的事嗎？所以精進是受苦呢？還是快樂呢？你若想精進是快樂的，那麼就會鼓起精神來精進了。

精進有什麼利益呢？例如，精進拜佛，可以和佛交流，能使人格昇華。精進參禪，可以穩定身心，可以回光返照，可以觀察自己，可以從動亂中統一身心、集中意志。是以，精進可以讓我們得到很多的大利益、大快樂，何樂而不為！

再講到禪定，禪定可以使我們波羅蜜，完成我們的修行。不過一般人提起到參禪，總以為一定要到寺院裡面，到禪堂裡面，雙腿盤起來，眼睛閉起來，不要吵鬧，不要有聲音，才叫作參禪。

其實，這種禪還不是真的禪，真正的禪在我們的衣食住行之中，在我們的行住坐臥之間，在我們的生活裡面，吃飯、睡覺裡都有禪，就如百丈禪師所說：「搬柴運水無非是禪。」

一般人想到禪就是呆坐在那裡。那麼，禪究竟是呆板的呢？還是活潑的呢？禪沒有活用，就是呆板的。所以行立坐臥中的禪是生活的禪，是活活潑潑的禪。

什麼叫作生活的禪？平時吃飯的時候，看到桌上的菜不合己意，一不高興就要生氣，平常吃兩碗的現在只吃一碗，心裡覺得很苦，那就沒有禪了。假如有禪的功夫，即使飯菜煮得不好，也覺得沒有關係，想想弘一大師所說：「鹹有鹹的味道，淡有淡的味道」，菜根也有菜根香，心裡也就了無罣礙了。

禪是一種藝術，你可以用禪來美化你的生活，使生活充滿藝術氣息。有的人買衣服，老是怨歎不能買到一件合身的好衣服，看這個顏色不如意，看那個顏色也不如意，那是因為他在差別相上追求，在動亂中求。假若你有了禪，就像弘一大師，一條洗臉的手巾，一用就是十幾年，還說：「毛巾是壞了，不過還可以用。」這個想法多麼有力量，多麼有價值！所以我們穿衣吃飯，都應該要有禪。

一個出家人，不管他是怎麼樣的性格，即使是小小年紀出家，還沒有懂得禪定，不過他禪定的境界、禪定的功夫卻是慢慢在表現。就從衣著來說，雖然他只有一件衣服，今天是這件，明天還是這件；今年是這件，明年還是這件，但是他心上沒有罣礙，覺得一件長衫就夠了。那麼，他心中就有了禪。

假如追求時尚的人，一定做不到，「叫我天天穿這件衣服，今天穿這件衣服，明天又是穿這件，後天也是這件，不好看，不行！要換一個顏色。」其實人家並沒有在看他的衣服，是他自己心裡不能安定，沒有自主的能力，也就是沒有禪定。

最後來談的是般若智慧。般若不同於一般的知識，因為一般的知識，不論地理、歷史、物理、化學等學科，是向老師聽講得來，是向外去求來的，而般若不是向外求，是向內求，向自己求。如果向外求，那就不是我們講的般若了。

六種波羅蜜裡有很深的意義，從布施到智慧都能使我們得度。若能實踐大乘菩薩的六度萬行，就是心上插一把刀，也不覺得苦。佛經裡有這麼一段話，如果聽到人家譭謗你、辱罵你，於惡罵毀謗之言語，不能如飲甘露者，不算是忍辱之人。反之，聽到人家毀謗惡罵，還能感覺如飲甘露者，才能算是忍辱之人。所以說「難行能行，難忍能忍」是菩薩道的精神，看起來好像我們受了多少的委屈，但是從這些委屈裡卻能令自我成長。

世間的人稱讚別人，往往會說：「這個人好偉大、那個人好偉大！」仔細想一想，偉大裡面是多少的心酸、多少的苦難，要付出多少的犧牲、多少的忍辱，才能偉大。所以，要想做個有成就的人、偉大的人，就必須要有力量，能忍辱，能布施，能持戒，能精進，能禪定，能般若，有種種的力量，那麼就能波羅蜜了。

六波羅蜜的前五度，布施、持戒、忍辱、精進、禪定，如果沒有「般若」作引導，都還只是世間法，不是佛法。佛法是無形無相的功德，而世間法則非無相的功德。因此，行布施、持戒、忍辱、精進、禪定，要有「般若」，才能波羅蜜，才能得度，這是佛法的大乘菩薩道。

心經：心的道路

讀《般若心經》，一定要了解「心」。人有好多種心，肉團心、緣慮心、精要心、堅實心……等等。草木也有心，但是草木的心跟我們人的心不一樣，草木的心只是一種物理上的反應，不是心理上的反應。

「肉團心」，乃現在身中，父母血氣所生者是。大家都有一個心臟，心臟一停，就不能活命了，所以要好好保護它。

「緣慮心」，就是思想、分別的心，它能分別好的壞的，男的女的，大的小的，高的矮的。

「精要心」，它是指能積聚諸經中所有的核心要義，如般若心經積聚大般若六百卷之精要；也是一種有規律的見解，有規律的正見，有正見的認識。

至於「堅實心」，也就是如同金剛般堅固真實的心。佛教裡有一部很有名的經典，叫作《金剛般若波羅蜜經》，金剛之堅固，能破壞任何東西，但沒有東西能破壞得了它。金剛就是真如心，就是我們不變的、不死的、不壞的真心。等於黃金，你把它丟到陰溝裡，丟到垃圾箱裡，經過了十年、百年，再把它拿出來，它還是黃金，沒有腐爛，也沒有損壞。有情眾生六道裡輪轉，雖是流轉生死，但是我還是我，我的真如自性、真心佛性還是不變、不死的。

多年前，我在報紙上看到一則關於美國有人要換心的新聞。世界上有幾個換心的人？有人聽到這個消息時大為驚訝：「不得了啊！把你的心換成他的心，這不是錯亂因果了嗎？」一個人一生的善惡、是非、好壞，都移到另一個人的身上去，以後他該怎麼辦呢？其實他換的是心臟，換的是肉團心，不是換堅實心。把肉團心搬來給你，搬來給他，甚至搬給幾十個人，也不要緊，雖然我的心臟壞了，但是我的堅實心沒有壞，堅實心是換不了的。肉團心換心，這是生理上的，不是心理上的；是科學的，不是佛學的。那麼科學是科學，佛學是佛學，科學是沒有辦法超越佛學的。

要成為一位太空人，很不簡單。當年在美國，太空人要接受各種技術、各種能力的訓練，其中也包含了禪定、瑜珈的訓練，通過層層考驗之後，才用火箭將他們送上月球。不得了啊，以後大家統統都相信科學，不相信佛學，不相信念佛了，要想往生極樂世界，何必苦苦的再念阿彌陀佛，只要火箭一發射，就可以到極樂世界去了。這樣一來，佛學不就沒有科學有用了嗎？

可是再仔細想一想，科學並沒有佛學有用，科學能把人訓練好後，送到二十幾萬英哩的月球上去，但是不能把一個人訓練得登入自己的心坎裡。要讓我們的心登入我們心上的世界，科學沒有辦法做到，一定要靠我們自己才有辦法。所以，極樂世界是我們心裡的世界。

極樂世界距離地球有多遠？佛經說：十萬億佛土、十萬億三千大千世界。但是經典裡又告訴我們，念佛「於一念傾，得生彼國」，那速度可快了。因此，極樂世界說遠十萬億佛土，說近一剎那間。所謂「自性彌陀，唯心淨土」，淨土是我們心裡的淨土，所以要訓練自己進入到這個世界裡。要如何登陸到心裡的淨土世界？佛教有一本《淨土聖賢錄》，這一本書裡，有好幾千個人，正是用各種念佛的方法，登陸到心上解脫的世界。

說到「緣慮心」，有一個禪宗大德叫作德山禪師，他精研般若經典《金剛經》，並且做了一本註解，叫作《青龍疏抄》。他在北方時，聽說南方禪宗講究的是「直指本性，見性成佛」。心想哪裡這麼簡單？於是帶了註解，他的思想根據，行到南方去和他們辯論，心要想教訓他們一番。就這樣，走、走、走，走到了南方。有一天時間不早了，禪師肚子餓了，正巧旁邊有一個小吃店，便想進去吃一點東西。

「老婆婆，拿些點心來給我吃，我要趕路。」

「大師父，您挑的是什麼東西？」

「《金剛經》的註解。」

「挑經到南方做什麼？」

「你老太婆不懂，我要到南方去糾正那裡許多人的邪說。」

「大師父，我不大懂《金剛經》，不過有一個問題要請教你，你若能回答我，我不跟你收錢，這裡的飯食、點心就供養你。如果你不能回答我的問題，你挑的《金剛經》註解就不能帶到南方去，要留下來。」

德山禪師說：「老太婆，我鑽研《金剛經》幾十年了，你竟然要問我《金剛經》的意義！好吧，那麼就如你的條件，你問吧。」

老太婆就說了：「《金剛經》裡面有這樣的說法：過去心不可得，現在心不可得，未來心不可得。請問大師父，你要吃點心，那麼是要點那顆心？」

這一下可糟糕了，我們這個緣慮心，過去的已經過去，未來的還沒有到來，現在的心又是念念不停，一下在這裡、一下在那裡，一下登高山、一下到海邊。好比現在有人在讀《般若心經》，有人心裡總還掛念著：我今天出門沒有和家人講一聲、還有一件事情沒有做……等等。罣礙的心是哪個心？點心是點哪一個心呢？點過去的已經過去，點未來的還沒有到來，點現在的也沒有停止。

緣慮心，也就是分別心，分別心是一種妄想，妄者虛而不實，是虛假的思想，虛假的念頭，是不實在的。例如我現在想：那個人好壞，給他一拳吧！但是那個人坐在那裡卻一點都不感到痛，為什麼？妄想不是事實，妄想是沒有作用的。所以這種緣慮心、分別心、妄想心，不是佛法裡所說的真心。

從緣慮心再談到堅實心。所謂堅實心，就是具有正見，能見到真理，能見到般若，「我知道了」的心。

有人問，觀世音菩薩千手千眼，哪一個是正眼呢？過去有一位禪師說，遍身是正眼。我認為，應該說通身是眼，「通」有透徹的意思，每一個細胞都是眼，而「遍」還只是表面的。修行要注意一個問題，平常我們用眼睛看，用耳朵聽，用舌頭嘗，用身體感觸，但是還可以進一步訓練我們的六根互相運用。例如，看，不一定用眼睛看，把眼睛閉起來，用感觸來看。我們可以運用這樣的方法來訓練「六根互用」。

有時我們到一個房子裡，雖然沒有見到人，不過卻可以感觸到裡面有人。也有的時候，你在那裡講話，我在這裡根本沒有聽到，但是我看到你比手畫腳的樣子，就知道你講的是什麼話，所以眼睛也是可以聽的。甚至眼睛還可以吃東西。眼睛怎麼會吃東西呢？例如，當你看電視、看電影看得入迷時，家裡的人叫你吃飯了，你會說：「不要！我肚子不餓。」為什麼？因為看就等於吃；你在那裡看書，家人叫你吃飯，你會說：「你先去吃，我不要吃。」看書也能當飽。這就如佛教裡所說的「禪悅為食」，禪也可以當飽，心有很大的力量。

有時白天即使沒有工作，早上吃過飯後，三個鐘頭一過，肚子卻餓了。也有時從中午、下午，到了晚上都沒吃飯，肚子卻不感到餓，我過去也有這樣的經歷。

幾十年前，我替東初法師編輯雜誌，當時印刷廠在萬華，我經常要去那裡校對刊物，到了中午，大家都下班，工人都去吃飯了，我卻沒飯吃。為什麼？一來路很遠，二來買不到素食，再說也沒有錢，就沒想到要吃，又再繼續工作。就這樣，忙、忙，忙到晚上，甚至還要加班，因為刊物當天一定要出版。好不容易到了九點、十點終於印出來了，出版了。於是綁了一大捆的雜誌，再送到北投山上，交給東初法師。晚上十一點、十二點，他還在等候，見我來了，他說：「你來了！你很好、很負責。休息去吧！」到了這時候，已經是夜裡一、兩點了，睡到床上才想起來，我今天還沒有吃飯，一整天肚子裡面都沒裝東西。所以，專注工作就不會餓。

一個人可以訓練到「一根代替諸根」，心的力量發揮出來，那麼這個人的潛在能力就慢慢發揮了。

佛光山朝山會館廚房，過去有一個耳朵全聾的義工，可以說他的生命是在無聲的世界裡度過，什麼聲音都沒有。但是他有一個本領，全佛光山的人，哪一個人叫什麼名字，他統統都知道。我一直觀察他是如何把山上每一個人的名字記住的，不過到今天我都還沒查得出來。

有一次他在看電視，我從旁邊經過，也在那裡坐了一下。「一個耳聾之人在那裡看電視，為何音量開的那麼大，他又聽不到？」我心裡這樣想。沒想到，他回頭一看我坐在那裡，就把電視的音量關掉。我心想：「電視聲音是別人打開的，有聲音、沒有聲音，其實他並不知道，又怎麼會知道我坐在後面，甚至還去把聲音關起來？」因為他耳朵聽不到，所以心理、思想就特別發達。

世間上有好多身體殘障的人，往往殘而不廢。手斷了，我還可以用腳寫字；眼睛看不到了，我還能感觸，同樣能做很多的事情。能分別的六根尚且可以相互運用，何況是這顆堅實的心，你若能把它歸入到正道裡，它就能發揮很大的力量。

禪宗二祖慧可找到達磨祖師時，達磨祖師問他：「你老是找我做什麼？」他說：「我心不安，求祖師替我安心。」初祖達磨說：「好，把你的心拿來，我替你安。」「心怎麼拿法？拿不出來，我們的心了不可得，找心找不到。」沒想到，初祖達磨卻說：「我與汝安心竟。」意思是，我替你安心安好了。二祖慧可於言下大悟。

我們平常要求安心，有的人把心安於事業上，可是事業會變化；有的人把心安於兒女身上，可是兒女慢慢長大，他不要父母了，自己要求發展去；有的人把心安在金錢上，可是金錢可能被倒閉；有的人將心安在感情上，感情也可能會發生變化。

所以，在這個世間上，要找到安心之處是沒辦法的。

那麼，究竟要把心安在哪裡呢？

有人說安於佛法上。

什麼是佛法呢?所謂「應無所住而生其心」,無住生心,「無住」就是佛法。

六祖大師之所以開悟,就是五祖用《金剛經》般若經典來求得彼此心心相印的。五祖弘忍對六祖惠能講說《金剛經》,一到「應無所住而生其心」時,六祖便恍然大悟。

悟是什麼?悟有程度的不同,有小悟、大悟、豁然大悟的差別。關於悟的境界,我們只能去推想,以得出相似的悟。悟究竟是怎麼樣的情況?砰然一聲,迷妄的世界統統給悟的炸彈炸得粉碎了,一切的差別、森羅萬象都沒有了,現出另一個平等的、光輝燦爛的世界。

六祖一聽「應無所住而生其心」,就開悟了,於是他說:「何其自性,本自清淨;何其自性,本不生滅;何其自性,本自具足;何其自性,本無動搖;何其自性,能生萬法。」意思就是現在他終於知道我們的本性是什麼了。

心要安於無住，因為凡是有住，就是非住。住，就是生活的意思，凡是為生活而生活，不能得到生活的意義；凡是用超然的思想、心情來生活，才會有生活的味道。我們的心都有所住，一下子住在我家的房子裡，一下子住在兒女、夫妻身上，一下子住在事業上，心總是一下子住在這裡，一下子住在那裡。心有所住就有所偏，就不能普遍。無住，則無所不住，那麼「橫遍十方，豎窮三際」、「心包太虛，量周沙界」，大圓滿覺的覺悟就會表現出來了。

在大陸有兩句話：「春有牛首，秋有棲霞。」南京有座牛首山，過去山上有一位法融禪師，九歲出家以後，學通經史，研讀般若經，每天的生活，都會有山中的猿猴採花採果來供養，天上的飛鳥也會銜東西來供養。甚至他在草寮裡與好幾隻凶猛的狼、老虎一起生活，還能與牠們溝通，進而還感化了牠們，大家相處，彼此不相妨礙。

有一天，禪宗的四祖道信禪師來看他，待道信禪師慢慢爬到山上，山裡的狼、老虎紛紛向他靠近，作勢要咬他。道信禪師很害怕，法融哈哈一笑，「祖師！你還有這個在嗎？」意思是你還有恐怖心嗎？你還害怕嗎？

就在法融一喝：「老虎、狼下去！」之後，老虎、狼竟然都走了。道信禪師心想，我是一個禪宗祖師，今天來此，竟讓他說我怕狼、老虎，實在心有不甘。

一會兒，法融進去燒茶，準備請禪宗祖師喝茶。道信禪師就在對面的位子上寫了一個「佛」字。當法融出來倒茶後，就要坐下來談話時，一看到坐位上有個「佛」字，心想：「我怎麼能坐到『佛』的上面？」他也害怕了。四祖道信於是回過頭來取笑他，「你在這裡修行，還有這個在嗎？」看到「佛」一個字就把你嚇倒了，表示你不能直下承擔，不能見性成佛，你不是佛！

法融回過頭來問四祖道信：「那我該怎麼修行？」道信說：「你在此做什麼？」法融答：「我觀心，照顧我的心，看我的心在不在。」道信又說：「觀是何人？心是何物？」意思是說：你在這裡觀心，觀是什麼人？心是什麼物呢？

後來四祖道信指示他：「百千法門，同歸方寸，河沙妙德，總在心源。」意思就是，百千法門同歸於心，河沙妙德也總在心裡，我們這顆心早就成佛了，我們心裡的功德多得很。

大部份的人所求的功德，是世間的功德，好比梁武帝遇見達磨祖師時，梁武帝說：「我建廟、度僧、印經，請問有多少功德？」達磨祖師說：「沒有功德。」為什麼說沒有功德？「因為你所做的是世間功德，我所講的是心源裡面無相的功德，人們也早就具備了。」

法融再問：「何者是心？何者是佛呢？」心和佛怎麼分辨？怎麼知道是心是佛？

四祖說：「非心不問佛，非佛不問心。」心和佛一而不二，即心即佛，你沒有心，怎麼知道問佛呢？如果不是佛，你怎麼知道來問心呢？可見得心中有佛，佛就是心，心佛不二。

所謂「人心不同，各如其面」，一個人一個面孔，一個人一顆心，每一個人的分別心是不同的，但儘管不同，真心卻是不二的。

《般若心經》的「心」，究竟是什麼心呢？當然不是草木心、肉團心、緣慮心、精要心，而是堅實心、真心。真心是中心、是心要，三藏十二部的經典，乃至整個佛法，都是以大乘佛法做中心。而整個大乘佛法，就是以般若經做中心。所以，以《般若心經》為生活的依據、生命的中心，是不會錯的。

心是這麼重要，但是人人都有心，卻人人不認識心；人人有個如來佛，可是如來佛是什麼樣子卻不知道，人往往都是在心外求佛。當然，現在也只有藉外面的佛做緣，來發覺心中的佛了。

說到「經」，佛說的叫作「經」，也叫作「契經」。「經」在梵語裡叫作「修多羅」，翻譯成中國話就叫「契經」。契者，要「上契諸佛之理，下契眾生之機」，能契合佛的心，契合眾生的根機，就叫作「經」；經者，經是路，修行要照著正確的路去走。

關於《般若心經》的譯者：玄奘大師

當我們閱讀書本時，總會想知道作者是誰。《般若波羅蜜多心經》這一部經是佛說的，當然作者就是佛。不過，說到譯者，把梵文翻譯成中文的是哪一位呢？古代多位譯經家翻譯過《般若心經》，流通最普及的版本就是唐朝玄奘大師（唐．三藏法師）翻譯的。唐三藏不是《西遊記》裡的那個唐三藏，有部真的「西遊記」叫作《大唐西域記》，是由玄奘大師作的。小說的西遊記大家都看過，真的西遊記卻不一定人人都知道。

玄奘大師的哥哥在洛陽淨土寺出家，當時玄奘大師十三歲，也想要出家。但是在唐朝的時候，並不是人人都可以出家，要參加考試通過才可以出家。那時，唐玄奘也要參加考試，卻被考場中的人趕出來。為什麼？年齡太小，必須年滿二十歲才能出家。考官說：「你才十三歲，怎麼可以出家呢？」年幼的玄奘聽後，就在門口哭了起來。

主考官鄭善果看到有個小孩在考場外面哭，就問：「小朋友，你哭什麼？」「我要出家。」「小小年紀出家做什麼？」「我要紹隆佛種，光大遺教。」

主考大人一聽，「小小年紀就曉得要光大遺教，紹隆佛種。好！既然你有這麼大的志願，就特別給你開個方便門。」就這樣，玄奘出家了。

玄奘大師日夜精進用功，研究佛法，當他二十六歲的時候，感覺到中文翻譯的佛經裡有很多意思與佛法的根本精神不能完全契合，於是立志到印度學習梵文，尋找原典。

就在他前往印度的途中，走到一個關卡時，卻被抓了起來，官員認為他違法私自出境，因此不准他繼續再走。就這麼樣，玄奘大師每到一地，都遇到類似的問題，被關閉了許多時日。經歷多少次通關困難後，也有關卡的要塞司令被他的遠大志願所感動，同情他：「我準備個糧草，準備介紹信給你帶去。」

日復一日，玄奘大師行走在荒野漫漫的沙漠上，甚至不小心打翻了水囊，曾經四天四夜都沒有喝到一滴水。他也想過要回頭拿一點水，再往前走，但是又想：「不能！這麼多的困難都已經走過來了，不能再回頭。」於是他許下一個心願：「寧向西天一步死，不回東土一步生」，明明知道往前走可能是死，也心甘情願地往前走下去。

途中，玄奘也找了人帶路，但是帶路的人因為感到路程辛苦，竟起了惡念：「天天跟著這個和尚走，這麼辛苦，不如把他殺了，我還是回去吧！」於是便拿出刀來，在月光的照耀下，一步一步地靠近玄奘大師，但是當他看到玄奘靜靜地坐在那裡時，卻又不忍心，步伐幾次進進退退。

唐三藏察覺怪異，問他：「你要做什麼呢？」僕人跪下說：「對不起，我生起了想要殺害你的心，我受不了這個苦，我要回去！」玄奘大師說道：「沒關係，你回去，只要你不殺我就好了！」最後玄奘一個人獨自往前走。就在抵達高昌國時，國王卻要求他招親，當然玄奘不同意。但是國王仍一再勉強他，玄奘只有用絕食表明心志，最後雙方勉強地談論條件，國王邀請他在當地講經一個月，再讓他到印度去。

到了印度後，玄奘大師在當地學法十幾年。佛陀的八大聖跡當中，有一地方叫作那爛陀大學，過去最盛時有三萬多個學生，有名的戒賢論師、玄奘大師就是在那裡學習的。

玄奘大師學成之後，在歸國途中，幾十個國家的國王，帶領著大臣們圍繞在他的座下聽經。玄奘大師研究唯識，如同科學家為研究下定律一般，也作了定律。他說：「誰能把我這個定律推翻，我玄奘就砍頭以示供養。」但是宣告的牌子懸掛了幾個月，好辯的印度人，卻沒有一個人敢跟他辯論。

玄奘大師回到長安後，翻譯經典七十幾部，一千多卷，最有名的是六百卷的《大般若經》。唐玄奘是中國四大佛經翻譯家之一，他去世的時候，有一百多萬人送葬；為他守墓七天不離開的，有三萬多人；唐高宗大哭三天不上朝，並且說：「我失去一件國寶——偉大的玄奘大師。」

下卷將《般若心經》經文分段闡述，星雲大師透過一個又一個事理、一則又一則故事，深入淺出地闡明其奧義，若能體會並活用，勝過世間一切法寶。

【下卷】透過故事讀心經

自在最難得

觀自在菩薩，行深般若波羅蜜多時，照見五蘊皆空，度一切苦厄。

「觀自在菩薩」就是觀世音菩薩，至於「觀世音菩薩」是鳩摩羅什翻譯的名稱，屬於意譯；「觀自在菩薩」則是唐朝玄奘大師翻譯的，是直譯。所以，不論「觀自在」或「觀世音」，都是「觀世音菩薩」。

觀世音菩薩叫作觀自在，「觀自在」用白話文說就是：你觀照自己在不在？看看自己現在在不在？一般說來，往往人是在了，可是心不在。或許有人說：「我的心在。」但究竟是什麼心在呢？往往是妄想心。

觀自在就是要觀境自在、觀照自在、觀用自在。所謂「觀境自在」，就是用般若觀照自己的世界圓通無礙。

所謂「觀照自在」，就是觀照五蘊皆空，度一切苦厄，離一切障礙，一切明明了了，證得實相。

所謂「觀用自在」，就是觀照自己的用，於「行深般若波羅蜜多時」，從體起用，可以神化自在。

人最可憐之處就是不自在，一般人都沒有為自己而生活，都是在為別人生活。我想要你歡喜，就說：你好美麗、那件衣服很好看、頭髮那麼漂亮、高跟鞋樣式好新。其實，衣服很好看，與他何關？高跟鞋樣式新，又關他何事？但他卻因此而高興萬分。我若想要他不歡喜，那麼說他幾句壞話，罵他一下，他馬上就不歡喜了。我們要他歡喜就歡喜，要他煩惱就煩惱，那麼他究竟是為誰而生活？不過是給人牽著鼻子走，人家要他怎麼樣，他就怎麼樣罷了。

還有，環境可以改變我們，人事可以改變我們，物質可以改變我們，語言可以改變我們，這個世間上，改變我們、改造我們的外在力量太強了！自己似乎是不存在的，東風吹也倒，西風吹也倒，人家說我好話我就歡喜，說我壞話我就苦惱，這樣的人生很悲哀。

所以，我們講「觀自在」，如果你覺得自己「在」，那麼自己就有了力量，別人輿論的好好壞壞，種種的閒話或好話，又與我何干？

宋朝的大學士蘇東坡和佛印禪師兩個人在打坐，蘇東坡修行比不上佛印禪師，心裡一直不服氣。有這麼一天，他在打坐的時候就說：「禪師、禪師，你看一看我，我坐在這裡的樣子像什麼？」佛印禪師一看，「像尊佛。」蘇東坡好開心，「今天很好，禪師終於稱讚我像佛。」

佛印禪師並沒有因此放過和他論道的機會，「大學士，你看我坐在這裡像什麼樣子啊？」這時候，蘇東坡心想：「逮到機會了，平常給你欺侮，今天終於可以報復你一下了！」於是他說：「你像什麼樣子啊？你像一堆牛糞。」牛糞堆成一坨，就像一個人打坐的樣子。佛印禪師聽了還是一樣很高興地坐在那裡。

蘇東坡興奮極了，終於贏了佛印禪師一回，他的妹妹說：「哥哥，你贏了什麼？」「禪師說我像佛，我說他像牛糞。」妹妹一聽，說道：「哥哥，你已經輸了。」「我怎麼輸了？」「因為禪師的心中是佛，他看你就是佛，你心中是牛糞，你看他就是牛糞啊！」蘇東坡一聽，「完了，今天又輸了。」

好與壞並非在嘴上搬弄的，要有實際功夫，你自己在，你肯定了自己，就有真功夫；你不能肯定自己，要透過外在來肯定，要用別人的利益作為自己的利益，要用別人的榮耀作為自己的榮耀，甚至狐假虎威，那些都是虛假的。

我們要觀照自在，要用般若把自己的佛性之光觀照出來。

日本有一位很有名的白隱禪師，有一戶人家拜白隱禪師做師父，對他極為恭敬。

有一天，主人的小姐跟外面的一個青年談戀愛，懷孕了，爸爸知道之後，氣急敗壞的追問孩子的父親是誰，但是女兒不敢講，深怕一說出來，男朋友會被父親活活打死。後來被逼急了，女兒心想，父親平日那麼相信白隱禪師，於是就說：「小孩是白隱禪師的。」

爸爸一聽，心裡頓時天崩地裂：「白隱禪師，我平常把你當成佛祖一般的信任，你怎麼可以做出這種壞事？」於是不分青紅皂白地就去打了禪師一頓，白隱禪師一句話都不講。最後這個女兒生下小孩，做父親的就把孫子抱到寺院裡，朝白隱禪師一摜，「這是你的孽種，給你！」白隱禪師一句話都沒說，就把他收養了下來。

為了養活孩子，白隱禪師只好四處去化緣奶水。但是走在路上，不斷地有人罵他壞和尚、野和尚。無論白隱禪師走到哪裡，甚至連小孩子都在後面用磚頭丟他。不過，他卻很能夠忍辱，就這樣慢慢地把小孩帶大了。

過了幾年，跟他女兒私通的年輕人回來了，他問：「我們的小孩呢？」女孩說：「我們的小孩，我還能把他留下嗎？我只好說是白隱禪師的。」那個年輕人也是白隱禪師的徒弟，一聽她這麼說，「糟糕，糟糕！你怎麼能這樣子做呢？他是我們的師父，你怎麼這樣子害他呢？我要去向你父親自首。」

這個爸爸一聽：「唉！你們這兩個畜生，誤了事情、誤了事情，怎麼辦呢？」一家人跑到白隱禪師那裡去懺悔：「師父，我們對不起你！」白隱禪師回答：「為什麼對不起我？」這個爸爸說：「那個小孩不是你的，是我們的。」「是你們的，你就抱回去吧。」禪師一點不高興的樣子都沒有，一點氣都沒有。「你說是我的，就是我的；你說是你的，你就抱回去吧！」由此觀之，白隱禪師真是偉大。

所謂「觀自在」，能有自己的自在，不需要別人給予自在，他人的譭謗、讚美，也都跟我不相干，這種修養要透過般若智慧才能養成，否則談何容易！

所以，觀自在菩薩，「行深般若波羅蜜多」的時候，就能「照見五蘊皆空」，度一切苦厄。能照見五蘊皆空，離開一切苦厄，對於我們的生活何其重要！

說到「觀自在菩薩」，我們必須先了解「菩薩」。

有人常以為菩薩一定都是神通自在、飛行去來、神通變化的，其實菩薩的意思不是這樣。菩薩在印度話叫作「菩提薩埵」，譯成中文的意思就是：一、大道心眾生，二、覺有情。

所謂「大道心眾生」，人人都有分，只要是發大道心者，就可以稱作菩薩；只要是覺悟的有情，就可以稱作菩薩。

過去有一個出家人問惟寬禪師，他說：「禪師，什麼是佛？」

惟寬禪師說：「我不告訴你。」

「為什麼呢？我請示你，你怎麼不告訴我？」

「告訴你，你不會相信的。」

「禪師，你的話我怎敢不相信呢？」

「你問我什麼是佛？你就是佛。」

「我就是？我怎麼不知道我是佛呢？」

「因為你有『我』，所以就不知道了。有我執在，有假我在，那不是真我。」

「有『我』在，不能認識佛，不能認識菩薩。那麼，禪師！你覺得你是佛，你能夠見佛嗎？」

「唉！糟糕，剛才有了一個『我』，就已經不是佛了，現在又加了一個『你』，更不是佛。有『我』、有『你』的分別，就不能見如來。」

「那麼無我無你，我們就是佛了？」

惟寬禪師說：「無我無你，誰是佛？」

有我、有你不是菩薩、佛，那麼無我、無你，誰是菩薩、誰是佛呢？菩薩和佛，在離開你、我，在不執著、無分別的平等性之上。所以「眾生一體」，大家都是菩薩。

有人會想：「那我可了不起了，想不到才來讀個《般若心經》，馬上就成菩薩了。」對的，大家都是菩薩，不過和觀自在菩薩一比，還是差了一大截。

菩薩有五十一個階位，等於大學、中學、小學、幼稚園的學生，都稱作學生；但是幼稚園學生和研究院學生一比，程度卻是差了一大截。同樣的，觀自在菩薩就好比是研究院的研究生，而我們則還是幼稚園的學生，是初學菩薩。

在佛教裡，自稱菩薩的人很多，例如太虛大師有一首詩說：「比丘不是佛未成，但願稱我為菩薩。」你說我太虛是比丘，慚愧不敢當。為什麼？比丘戒，我雖嚴持了，但是並不圓滿，所以我不敢自稱比丘。而說我是佛嗎？更不敢當，我還沒有成佛。那怎麼辦？「但願稱我為菩薩」，我已經發菩薩心，已經發菩提心，我已經是大道心眾生，我已經是覺有情，所以你們可以稱我為菩薩。因此，人們常稱太虛大師為太虛菩薩。在汐止，慈航法師也自稱菩薩，他寫信給人都自稱「慈氏菩薩」，表示直下承擔發心發願。

菩薩不是靜靜地供著給人禮拜的，菩薩是活潑潑地為人間服務，為人間布施歡喜，為人間勤勞工作的行者。

所謂「千處祈求千處應，苦海常作渡人舟」。

菩薩像什麼呢？所謂「菩薩清涼月，常遊畢竟空，眾生心垢淨，菩提月現前」，菩薩就像天上的一彎明月，哪裡有水，它就在哪裡映現。天上有月亮，河裡面就有月亮；天上有月亮，盆裡面也有月亮；天上有月亮，茶杯裡面也有月亮。月亮是不偏心的，只要水清淨，裡面就能映現出月亮。同樣的，只要我們眾生的心裡清淨，菩薩就會在我們心裡現起。所以，我們要想做菩薩，就要從清淨自性、平等自性，從去除自私的心做起。

講到「觀自在菩薩，行深般若波羅蜜多時」。

好像讀書，讀到正有趣味的時候，我們會希望：「你們不要叫我吃飯」；寫文章，寫到正要緊的時候，就希望：「你們不要叫我做別的事情」；事業進行到某一個階段，進入情況的時候，會說：「我沒有心管別的事！」可以說，我們都進入到某一種境界了。

觀自在菩薩的修行與成就，已經到了「行深般若波羅蜜多」的時候，就表示他已經完成自己，修行完成了。也就是說，他的般若智慧，已經達到「般若波羅蜜多」了。

什麼是「般若波羅蜜多」的時候呢？就是在行持般若最得力的時候；就是由「文字般若」到「觀照般若」，再證入「實相般若」的時候；就是是寂照不二的時候。

寂，是不動，如如不動；照，是功用，等於鏡子，它雖沒有分別心，可是朝這裡一擺，人的整個面孔都會在鏡裡現前。就好比天上的月亮，它沒有分別心，所以江、海、河、溪、盆裡，都會有月亮映現出來。

佛陀有一個名號稱為「如來」，「如」是不動，「來」是動，從不動而動，而能教化世間，所以叫作「如來」。我們要想做什麼事情，都必須要由心來運作，倘若緊張、著急，就為外境所動；菩薩度眾生，是如如不動而來遊戲人間、教化人間了。

觀自在菩薩在靜謐的般若智慧裡，能同時運用般若智慧教化世間，對他來說，這是一個寂照不二的時刻，是一個自在無礙的時候，不同於凡夫，說到度眾生，就感到好麻煩、好障礙，菩薩則能觀自在。

「行深般若波羅蜜多」的時候是什麼時候？就是「能所雙亡」——沒有我是能度眾生的菩薩，沒有你是我所度的眾生。

佛教有兩個重要名詞，我們要特別注意，就是「能」和「所」。我

「能」講經，你們是「所」聽的人；我「能」喝茶，茶為我「所」喝；我「能」穿衣服，衣服為我「所」穿；我「能」吃飯，飯為我「所」吃。「能」是做的主動，「所」是被動。菩薩能所雙亡，把主賓的對待關係忘記了，把我、你忘記了，把本體、現象忘記了，所以本體和現象融為一體。

能所雙亡，淨穢不分，能觀察的智慧與所觀察的境界，便融而為一了，就是所謂實相般若現前的時候。這個時候是「行深般若波羅蜜多」的時候，就是菩薩修行到功行圓滿的時候。

什麼是「行深般若波羅蜜多」的時候？就是「照見五蘊皆空，度一切苦厄」的時候。這兩句話在《般若心經》裡是非常重要的。

講到「照見五蘊皆空」，先解釋「五蘊」，再解釋「空」。

「五蘊」是什麼？五蘊就是「我」的代名詞。比方我們說張三先生、李四先生，在文學裡面有時候就用「其」來代表，例如：其人好善良、其人古怪。又例如「他」、「那個」也是個代名詞，「把那個拿給我！」如果那是個茶杯，那麼，「那個」就是茶杯的代名詞。

五蘊就是「我」，「我」稱五蘊。「我」為什麼叫作「五蘊」？「蘊」是積聚的意思，那麼「我」就是由五個東西積聚而成的。「我」是由五樣東西積聚的：色、受、想、行、識。

「色」就是我們身體上物質的部分，比方頭髮、皮、肉、骨頭、指甲。《般若心經》裡說：「色即是空，空即是色」，這個「色」就是物質的意思，不能把它當成紅、黃、藍、白、黑顏色的意思。

「受、想、行、識」是精神的作用。識，就是我們精神的主體、我們的心。識，是認識、辨別，我有眼識，我就認識張三、李四、高樓、平地；我有耳識，就能辨別聲音好不好聽；鼻子有識，就能分別香臭；舌頭有識，就能知道鹹淡；身體有識，就能感觸舒服或不舒服，好硬或好軟；心也是識，心能分別過去、現在、未來，種種思想。是以，眼識、耳識、鼻識、舌識、身識、心識，就叫作「六識」。

精神的心和物質的色，結合起來才成為一個人。如果人沒有物質的身體，沒有頭髮、骨頭、皮肉，精神怎麼表現呢？又如果這個肉體沒有了精神，也就變成行屍走肉了。人為什麼死？就是沒有心了，心離開身體了，如同一個人住的房子壞了，他就必須要搬家了。

那麼當物質和心識合在一起時，就產生了三種精神的作用。

一為「受」，身心能感受到好苦、好樂等。甚至人家問我們：「這時候感到怎麼樣？」我們說：「我現在感受到不怎麼樣。」這種無所謂也是一種感受。

二為「想」，也就是思想、了別。有了思想就會發動行為、力量，就想到去做。

三是「行」，行為。一有了「想」以後，就想到要「造作」，想要做些什麼。

物質的色和心的識合起來，有了受、想、行的作用。那麼把色、受、想、行、識合起來，也就是「我」。

平常我們說人是由四大五蘊和合而成。「四大」就是地、水、火、風。地大，如身上的骨頭，是堅硬性；水大，如流汗、吐痰、大小便溺，是潮溼性；火大，就是身體的溫度，是溫暖性；風，就是呼吸，它是流動性。如果這四大種的物質條件不和，我們就會有毛病了。

四大就是五蘊中的色蘊。人是四大種條件、元素和合而成的。世界上任何一個東西，都有四大種。例如我們住的房子，當中的鋼筋、水泥，不就是地大嗎？水泥要加水，才有黏性，不是水大嗎？鋼鐵要經過火煉，才會堅固，不是火大嗎？房子要通風，才不易損壞，不就是風大嗎？

又例如一朵花的生長也需要四大種，要土壤，就是地大；要澆水，就是水大；要在有陽光的地方種植，就是火大；要空氣流通的地方，就是風大。假如沒有土壤、沒有水、沒有陽光、沒有空氣，花就不能成長。

世間上的一切，都是地水火風和合而成，每一個東西裡面都有地水火風，每一大裡面又有四大，例如一個地大裡就有水火風，一個風大裡面就有地水火。

我們吃的冰棒，也有地水火風，地大，很硬；水大，冰是由水凝結而成；火大，或有人問：冰棒這麼冰，怎麼會有火？我們要知道，水在零度時結冰，但是除了零度，還有零下十度、零下二十度、零下三十度，可見得冰裡面也有溫度。

有一次，來了一個叫作歐伯的颱風，由宜蘭登陸。颱風一結束，我到宜蘭去關心，結果發現有一個山頭的草統統都枯黃了。我覺得奇怪，就是把草割下來，也要明天、後天它才會黃，為什麼颱風一走，它就黃了呢？這就是風中有火。一九七七年在高雄登陸的賽洛瑪颱風也是一樣，佛光山上的樹木經過風吹以後，統統都枯黃了，那也是因為風裡的熱度所引起。

地水火是物質，那麼風怎麼是物質呢？茶杯是物質，因為我們拿得到；人、房子是物質，因為我們看得到。但是風我們看不到，怎麼會是物質呢？風是物質。賽洛瑪颱風來的時候，我在這裡，你在那裡，雙方都看不到彼此。風吹來時，灰濛濛一片，如同起霧般，對面不見人，這時候，我們用肉眼就能看到風的「厚度」。平常的風我們是看不到，不過它有阻礙的力量，比方風很大的時候，會把人吹倒。所以風也是物質。

有一次佛印禪師在講經，已經開始講了，蘇東坡才姍姍而來。佛印禪師一看：「學士，你怎麼到現在才來？已經沒有你的坐位了。」大家都坐滿了，還能坐到哪裡去呢？

蘇東坡就說：「何不假借和尚的四大五蘊之身為座？」意思是說：「沒有坐位，那我就坐到你的身上去。」佛印禪師說：「好！我問你一個問題，你回答的出來，我就把身體讓給你坐，你如果回答不出來，我們有一個交換的條件，就是你為官的玉帶要送給我做紀念。」

蘇東坡說：「好的，公平！你問吧。」佛印禪師就說：「『四大本空，五蘊非有』，請問學士依何而坐？」我們平常講四大，四大是空的，五蘊也是假的，五蘊和合，一分散就沒有了。「四大本空，五蘊非有」，你依何而坐？空了，能坐在哪裡？沒有了，又要坐在哪裡？由於蘇東坡回答不出來，所以他的玉帶到現在還留在鎮江金山寺裡。

所謂「五蘊皆空」，「五蘊」怎麼「空」法呢？

佛教裡的「空」，並非一般認為的「沒有」。有的人說：「我沒有錢了，四大皆空」；「我不喝酒了，不要女人了，我四大皆空」；「空空如也，我沒有了，我空了」；這是不了解四大皆空的意思。社會上誤把四大皆空，看成酒、色、財、氣，但是佛教講的四大，不是「酒、色、財、氣」，是「地、水、火、風」。

一般人講「空」，以為我沒有了，人死了，就是「空」了，那不是「空」，那還是「有」。有什麼？有個「空」。我們要知道，佛教講的「真空」是不離開「有」的，並不是人死了才空，人活著就是空。

例如這個房子，我說房子是空，空是它的實相。那麼它本來的樣子是什麼？它本來的樣子不就是木材、水泥、鋼筋？只是我們不能認識它本來的樣子，不能認識一個和合的假體。它本來的樣子是什麼？它本來的樣子，是眾多條件組合的，是眾緣所成的。

你若認識因緣，就已經快要認識空了。

我們人也是眾緣所成，要有父親、母親、色的本體等因緣聚合了，才能成就我這個人。因緣聚合才能存在，因緣不聚合就不能存在。因緣存在是什麼意思？就是「空」。空，不是沒有了以後才空，空是「有」的時候就是空。「空」才能「有」，不「空」就不能「有」。

佛教的「空」不破壞「有」。舉例說，假如沒有一個空間，我們怎麼坐下來讀《般若心經》？因此，要有「空」，有這個空間，才有我們的存在，才能有這個閱讀的進行。

又譬如，如果我們的皮夾不空，沒有空間，錢要放在哪裡？東西要放在哪裡？因此，錢、東西是因為有這個空間才能存在。

人也是因為有空才能存在，鼻子要空、耳朵要空、眼睛要空、腸胃要空、毛孔要空，如果都不空，鼻子不空，嘴也不空，也就活不下去了。

有空才能存在。我要想喝茶，茶杯必須要有空間，才能裝茶，倘若茶杯沒有空間，這個茶要放在哪裡呢？

佛教不是否定世間，不是否定「有」，佛教講世間的「有」要透過般若的空慧來認識，沒有透過般若、空的智慧來認識「有」，那個「有」便是假的，虛妄的。

空是什麼樣子？大家都學過代數，代數裡面有個英文字叫X，這個X就是空。X怎麼會是空？因為X在數學裡叫作「未知數」。這個X，三也是X，八也是X，甚至千萬都是X。「空」也是一樣，茶杯裡面是空，教室裡面是空，台灣是空，世界也是空，整個宇宙虛空都是一個空。不管它是大的、小的，空的意義是一樣的。我們能說X是沒有嗎？X不是沒有。

又如「0」，是個空。「0」沒有數字，圓圓的一個，當然是空。真的是空嗎？我把「0」字擺在「100」的後面，這個「0」是多少？「1000」；擺在「10000」的後面，就是「100000」；你們說這個「0」字怎麼樣？空不空？並不空！所以，空不是沒有，空很大、很多。空是什麼？就像思想的無限意，無限的東西就叫作「空」。

佛教徒念「阿彌陀佛」，阿彌陀佛是什麼意思？阿彌陀佛是佛的名字，是萬德洪名，這裡面有無限的功德。因此，無限功德的阿彌陀佛，和「空」一樣具有無限意。

看到你來了，「阿彌陀佛」；
你要把一樣東西送給我，「阿彌陀佛」，謝謝；
打你一個耳光，哎喲！好痛噢！「阿彌陀佛」；
你摔了一跤，我看了不忍心，「阿彌陀佛」；
媽媽打小孩，小孩哇哇叫，「阿彌陀佛」；
這個世間好苦喔！「阿彌陀佛」；
你完成了一件事，好恭喜你，「阿彌陀佛」；
你要走了，再見，「阿彌陀佛」。

吃飯了嗎？來吃飯，阿彌陀佛；我沒有時間陪你，你隨意的走走、看看，阿彌陀佛；你不坐了，要走了，阿彌陀佛；我不知道你姓什麼、叫什麼，好講話嗎？好講話！見他來了，說聲阿彌陀佛，起恭敬心，把他當成阿彌陀佛。

這一句「阿彌陀佛」，什麼時候都可以用，因為「阿彌陀佛」萬德洪名，和「空」一樣是無限的意思。假如你的名字叫張三，人家喊你：「張三！」張三是什麼？這個「張三」與自己不見得有必然關係，但是，對你一聲「阿彌陀佛」，你也就像阿彌陀佛一樣，就讓自己與空義相印、與空義相合了。

透過般若才能認識空。什麼是空？不二法門叫作空。《維摩詰經》裡的不二法門很微妙，文殊菩薩帶領三萬多位菩薩到維摩居士的丈室。維摩居士稱病，佛陀派代表去探望。最初要派舍利弗去，舍利弗說我不去，他說：「那位老維摩居士，我講話講不過他，我不要去！」派目犍連去，他也不要去，「老維摩很難纏！」派這個不去，派那個也不去，後來就派菩薩去，但是這個菩薩也不去，那個菩薩也不去。這怎麼辦？

最後佛陀問：「文殊菩薩你去好嗎？」他說：「彼上人者，難為酬對。」意思就是維摩居士很難應付。「不過我要承奉佛旨，既然佛指示要我去，那我就去。」文殊菩薩一說要去，許多聲聞羅漢與其他菩薩也都要去，就這樣，幾萬人浩浩蕩蕩地前往。

維摩居士住的丈室這麼小，幾萬人怎麼進得去？經裡就講到「不二法門」，小和大是不二的。佛教裡有兩句話，「須彌藏芥子，芥子納須彌」，須彌山那麼大，藏一個芥子，理所當然，不用解釋。但是芥子裡面，也就是一顆小菜種裡藏有須彌山，這卻不合一般認知事實。

我記得有一次佛光山舉行夏令營的時候，我對參加夏令營的同學說，你們來研究佛學，要從佛光山的一沙一石裡，去看見三千大千世界；要從這個地方的出家人的袈裟一角，去見到諸佛菩薩的莊嚴。為什麼？因為不二法門，就是大小一如：你我不分別，骯髒乾淨不二，多和少也是不二。

舉個例子來說「一」：一粒粉筆灰、一個台北市、一個台灣、一個世界、一個虛空，從一粒灰塵到一個虛空，都是一，「一」可大可小，是不二法門。

一粒灰塵，是怎麼成為一粒灰塵的呢？這一粒灰塵是經由人類採礦，再以火燒煉，利用種種工具才把它做成粉筆。那麼，做粉筆的這個人，他要穿衣、吃飯，才有力氣來做粉筆。他身上穿的衣，是很多工人織成的布；他所吃的飯，是農人種田而有。田裡的稻穀又是怎麼會有收成的呢？要陽光、雨露、和風，整個宇宙的力量集中，它才成為一個粉筆灰。粉筆灰很小，卻是集宇宙的力量而成。所以，萬法歸一，宇宙萬有的本體就是一，是不二的。

人常常有分別心，不過，也有好多禪師心中沒有分別。有一個故事，趙州禪師向他的徒弟文遠禪師開玩笑說：「我們今天來比賽，哪個人贏了，就吃這一塊餅。」徒弟想：「跟師父比什麼呢？好吧！師父你先說，要怎麼個比賽法？」

「我們來比賽，誰把自己說的最骯髒、最無用，那一個人就贏了。」

文遠禪師說：「師父你先說。」

趙州就說：「我是一頭驢子。」

文遠禪師說：「我是驢子的屁股。」

趙州禪師說：「我是屁股裡解出來的大便。」

文遠禪師：「我是大便裡面的蛆。」

趙州一聽，你是大便裡面的蛆，這太骯髒、太渺小了，我找不到東西再比了。於是他就問：「你說你是大便裡的蛆，那你這個蛆在大便裡面做什麼呢？」

文遠禪師說：「我在裡面乘涼。」

文遠禪師在大便裡乘涼，我們能嗎？禪者淨穢不二，乾淨、骯髒沒有分別。大小便在我們認為是骯髒的，在他看來卻是再清淨不過的，所以這個世間上，都是分別心在分別淨穢。比方說水，在唯識家講「一水四見」，人看水是水，魚看水是牠的宮殿、牠的房子，餓鬼看水是膿血，天人看水是琉璃。同樣是水，眾生業識分別的結果卻不一樣。眾生的業識雖然不一樣，但是若能藉由心識的力量，轉識成智、成般若，就統統一樣了。

回到《維摩經》裡，老維摩的丈室，怎麼能湧進那麼多人？由於他的神通自在，雖是丈室，也能令其大如虛空，因此，大家就都進得去了。大家一進去以後，舍利弗就打了一個妄想：「今天這麼多的大菩薩、大羅漢都來了，維摩居士怎麼都沒有擺出凳子給大家坐呢？」

這個心一動，維摩居士就問了：「仁者舍利弗！你們大家來這裡，是為法而來？還是為床座而來？」你們是為座位而來呢？還是為聽我說法而來的？舍利弗聽了覺得不好意思，趕緊說：「大士！我們是為法而來，不是為床座而來的。」

老維摩居士雖然嘴上這麼說，不過還是顯了一個神通，將東方世界裡八萬四千張琉璃寶座都運到丈室裡來。每一個寶座都有幾萬尺的高度，那許多菩薩屁股一晃，統統都坐上去了，而舍利弗想坐，卻怎麼也爬不上去。維摩居士說：「舍利弗！你剛才要求要有座位的，現在座位來了，你怎麼不坐呢？」舍利弗說：「大士！我坐不上去。」「為什麼坐不上去？你們小乘行人有分別心，有大小的障礙，有你我的障礙，你現在向佛陀頂禮，仗著佛力就可以上座了。」那許多羅漢向佛禮拜後，藉著佛力一個個都升上寶座了。

這時候有一個天女在那兒走來走去，舍利弗一看，心想：這麼一個莊嚴的道場，一個女孩在這裡走來走去的，很難看。天女知道了，很不高興，顯了一個神通，把舍利弗一變，變成一個天女。舍利弗一看，「哎喲！我怎麼變成女人了？」天女就說：「我告訴你，我本來不是女人，而現女人身，等於你舍利弗本來不是女人，而現在現女人身。佛性平等，無男無女，你何必在這兒打妄想，分別這樣、那樣做什麼呢？」

我們可以說，舍利弗是小乘行者，他的內心世界裡有大小的世界，有你我的世界，「有」，就有很多的世界，不是不二法門。而菩薩已經悟到般若空，空裡只有一個世界，虛空雖只有一個，裡面卻森羅萬象。

空是什麼？虛空就是空，空是萬有之本，是萬物之源；空是法性，是諸法的自性。《大智度論》說空有十八種。我們講的「空而不空」，還要用空來破空；空空，空掉你的空。空到最後是什麼？畢竟空。畢竟空是什麼空？那是不可說的境界。

或有人問：「般若是三世諸佛之母。那麼，般若像什麼？」般若像大火炬，能燒掉妄想的、自私的、煩惱的我，般若的智慧能把我們的虛妄心統統都去掉。

空是什麼？我們不要怕「空」，若懂得空，虛妄的世界毀滅，真實的世界也就會生起。我們為什麼要研究般若、研究空呢？為的就是把我們的虛妄、迷執、錯誤、邪見、執著，統統毀滅，讓真實的世界，我們的不二法門、我們的本來面貌、我們的自性都得以顯現出來。

什麼是空？

一、世間上沒有不變的東西

世間上有不變的東西嗎？人在變，用的東西也在變。我們看這張桌子有沒有變？「沒有變！我們昨天讀經，用的是這張桌子；今天來讀經，用的也是這張桌子。」用肉眼看是看不到的，要用法眼，用真理之眼來看，就會看到它時時刻刻都在變化。所謂「成住壞空」、「生住異滅」——世界上沒有不變的東西，從變裡面我們可以看到空。

二、世間上沒有獨自存在的東西

世間上的一切，沒有獨自存在的，都是相互依存；相互依存就是空。

你說我可以獨自存在，我不要朋友、我不要其他人，就關在一間房子裡面。但是冬天到了，你不穿棉衣能度過嗎？每日三餐，你沒有東西吃怎麼辦？經年累月沒有房子住，你住在哪裡？

世間上，戰爭不斷，第一次世界大戰、第二次世界大戰……想想，戰爭的最後是什麼？戰爭的結果，我打倒你，你打倒我，打到世界的人統統都毀滅了，只剩下兩個人。只剩兩個人，還要不要打？還要打。我怕你威脅我，所以要把你打死，打到剩下我一個人，豎起了個旗子，就代表我勝利了。

勝利的結果是什麼？沒有飯吃、沒有房子住、沒有衣服穿、沒有電影、電視看、沒有冷氣機用。這樣的世界好嗎？

人們不懂得佛法，所以才有爭奪或戰爭，若是懂得佛法，認識空，就會想：我的存在，是因為有大家的存在，所以我要感謝你們，讓我好過日子。例如，感謝農夫，讓我有飯吃；感謝工人，讓我有衣服穿；感謝司機，讓我有車子坐；感謝空，讓大家存在。空就是眾緣和合存在的意思，我們對社會、對人間因了解空，所以要帶著無限的感恩。

怎麼樣才能看到空？

一、從相續假上看空

我們現在從另一個角度，從相續假上來看空。世間一切都是相續的，祖父母生父母，父母生我們，我們又生兒女，兒女又生孫子，相續不斷。一根木材燒完了，再添一根木材，相續不斷。所謂「長江後浪推前浪，世上新人趕舊人」，世間一切不停的在變化，都是相續的，這就是空義。

二、從循環假上看空

什麼叫作循環假呢？所謂因果，因種下去收果，果之後又成因，因又成果，因因果果，果果因因，循環不已。

有一個出家人，人家家裡辦喜事，他走到門口一看，「世間好可怕！」人家結婚怎麼會可怕呢？因為他證到神通，看到了這家人之間的三世因果，所以感受到因果的可怕。因果有什麼可怕？原來今天宴席上的這一家人，是「孫子娶祖母，牛羊席上坐」，今天所宴請的客人都是過去宰殺的牛羊，今世成為親朋好友；今天結婚的新人，是孫子娶他過去世的祖母。

當他用天眼、用神通看到這一切時，感到可怕。所以說，空沒有定義，空是變化、循環的。

三、從和合假看空

什麼叫作和合假呢？人就是個和合假，把我們的皮膚擺在這邊，把我們的骨頭擺在那邊，把我們的肉擺到另一個地方，那麼人到哪裡去了？人沒有了。所以，人是一個和合的假體。

我們興建一間房子，把水泥擺在一邊，把石子擺在一邊，把鋼筋擺在一邊，那麼房子在哪裡？房子是一個和合的假體。從假裡，也可以漸漸體會到空。

四、從相對假來看空

舉個例，一個男人，年輕的時候是爸爸的兒子，但是幾年後，他生了兒子，也做了爸爸。所以，爸爸或兒子之稱是相對待的，是假的。

有個祖父很歡喜自己的小孫子，但是有一次看到小孫子調皮，給了他一個耳光。在一旁的兒子看了卻很生氣，於是他也給自己賞了一個耳光。這個祖父看了就問：「你怎麼打自己呢？」他的兒子就說：「你打我的兒子，我也要打你的兒子。」由於他不認識「相對假」，所以有這樣的舉動。

又譬如，有一個人跟我說：「師父！你不要在戶外講經，你到室內來。」在他的認知裡，這個地方是外面，那個地方才是裡面。如果我現在對著門口那邊的人說：「你們不要在外面聽經，到裡面來。」那麼我這裡就又變成裡面了。其實，哪裡有裡面，哪裡有外面呢？裡外是對待的，是相對的分別。

五、從相狀假來看空

什麼是相狀？例如燈的相狀，就是光明。我們坐著讀書，或許嫌燈光不夠亮，抄筆記好困難，但是如果有小偷來了，他就嫌這個燈光太亮了。清風明月，對於賞玩的人來說是美麗的景色，可是小偷看到月亮，卻要討厭它了。所以每個人對於相狀的感受不一樣，相狀是假的，只是我們的分別心在造作罷了。

六、從名詞假來看空

名詞是假的。我們稱呼別人都是「各位先生」、「各位女士」，也早就聽得很自然。假如當初人不叫人，而叫作狗，成了「各位狗先生」、「各位狗女士」，那麼我們現在聽來也會覺得很自然。但是流傳至今，這個名詞已經定型，我們現在若叫人「各位狗」、「各位牛」、「各位馬」，雙方可能就打起架來了。

人從母親懷胎十月，生下來以後，若是女孩子，就叫作女嬰；漸漸地長大了，就叫作女童；再大些，叫作女學生；再大一點，就叫小姐；更大些，就叫太太、媽媽，甚至老太婆。那麼哪一個才是我們呢？究竟女童是我們？小姐、女學生是我們？還是太太、媽媽、老太婆是我們？其實，哪一個是我們，都是隨著時間流動，使得名詞產生變化。假如是個年輕的小姐，你說她像老太婆，她會很生氣；假如是一位老太婆，你說她像小姐，她會說你在諷刺她！她也不高興；沒有結婚的女人，你喊她歐巴桑，她當然心生不悅。

其實名詞假，我們不必在上面計較。認識空的人，不會去計較，不覺得那是一回事。空中無一物，空裡面沒有東西，那麼空裡面還會有嬰兒、男人、女人的分別嗎？空裡面，還有相對、相續嗎？空裡面是本來面貌，不生不滅、不垢不淨、不增不減。

七、從認識假裡看空

有人看到外面下雨，心想：「討厭！又在下雨。」為什麼討厭？因為沒帶傘，走路不方便。但是對種田的人來說，下雨很好，為什麼好？花草不用澆水，禾苗也不須澆水了。

你說好，他說不好，所以每一個人的認知是沒有統一標準的。「這個人好可愛，我好歡喜。」「莫名其妙！你怎會歡喜這個人？難看死了。」你說他難看，但是情人眼裡出西施，他還是把對方當成寶貝。所以美醜是沒有標準的。

美醜沒有標準，好壞也沒有標準。在空裡面沒有好壞，也沒有善惡。所以，用無分別的心，把本來的樣子顯現出來，就是空。

什麼是空？緣起性空。《般若心經》裡說「照見五蘊皆空」，也就是照見我是空的、照見我是沒有的，用簡短的字來說就是「無我」。

記得第二次世界大戰時，美國的羅斯福總統問太虛大師：「請問太虛大師對世界和平有什麼意見？怎麼樣才能獲得和平？佛教對此有什麼看法？」於是太虛大師拍了一個電報去，上面沒有長篇累牘，只說：要和平，就要「無我」。

為什麼會有戰爭？因為有我，所以才有戰爭。我是自私的、我是執著的、我是無明的、我和人是有隔閡的，因此就會引起戰爭。只有無我，才能成就大我。

無我並不是說我要自殺、我死了、我不要一切，那不叫無我，那還是執著有一個我。無我是心的自性般若空智。

至於「六波羅蜜」，怎麼樣才能行六波羅蜜？要無我才能行六波羅蜜，有我就不能行六波羅蜜。我在數十年前提倡一個觀念，這也是我自己的人生觀：以出世的精神作入世的事業。

什麼叫出世的精神？就是空，就是無我；什麼叫入世的事業？就是有，從空性上有，空中生妙有。比方說，佛光山原本是個荒地，什麼都沒有、是空的，但由於「空」，真空裡面就能顯現妙有，倘若沒有「空」就不能現出「有」了。

佛法的特色就是空中生妙有，所謂「色即是空，空即是色」，也就是「以出世的精神做入世的事業」。可是，我們往往把空和有斬成兩段，空的不是有，有的不是空。我說：「這裡沒有桌子！」各位一定說：「你打妄語，怎麼會沒有桌子呢？明明是有桌子。」但是我要告訴各位，「這裡沒有桌子」這句話是沒有錯的。你講的「有桌子」是假有，我講的「沒有桌子」是真空。怎麼會沒有桌子呢？因為桌子不是桌子，桌子是個假相，它的真相應該是木材，木材的真相是樹、是種子、是土壤、日光、空氣。所以，它只是因緣，哪裡是個桌子！你怎麼能認假為真呢？假相是假有，真空是真有，是我們硬把空和有分開來，以至於：空的不有，有的不空。

空，是「空」中有「有」，「有」中有「空」，我們不要把空、有分開。舉一個禪宗的公案，我們就會明白了。

有一位居士問智藏禪師：「禪師，請問有沒有天堂地獄？」「有。」

「有沒有佛菩薩？」「有。」

「有沒有因果報應？」「有。」

不管你問什問題，智藏禪師都說：「有啊！有啊！」

於是，這一位居士就說：「會不會是禪師你說錯了？」

「我怎麼會說錯呢？」

「我從徑山禪師那兒聽的並不是這樣的說法。」

「徑山禪師怎樣說法？」

「他都跟我講無呀！我問他：有沒有天堂地獄？他說無；有沒有佛菩薩？他說無；有沒有因果報應？無。他說的都和你不一樣。」

智藏禪師說：「噢！原來是這樣，我來問你，你有老婆沒有？」

「有。」

「你有房屋沒有？」「有。」

「有沒有田地？」「有。」

「所以囉！徑山禪跟我講的不一樣，因為徑山禪師講沒有，是講的他的世界。徑山禪師有老婆嗎？沒有；徑山禪師有沒有房屋田地？沒有。所以他講沒有。你有老婆、你有兒女、你有田地，所以我要跟你講有。」

有和空，乃因個人證悟的世界不一樣，在有的世界裡面，禪師就跟你講有，若是在空的世界裡面，禪師就跟他說空。其實空和有是分不開的；要能看到它們的不分開，就要「照見五蘊皆空」，五蘊皆空就可以「度一切苦厄」，就是無我了。

我們為什麼會有苦？那是因為有我。老子說：「吾所以有大患者，為吾有身，及吾無身，吾何有患！」因為人有個「我」的身體，所以就要受苦。如果無我，就不苦了。所以，照見五蘊皆空，就可以度一切苦厄，就不苦了。

有一對夫妻，擁有錢財，卻沒有兒女，這件事讓他們覺得很苦：「我一生擁有這麼多錢財，但是現在年紀這麼大了，卻沒有個兒女陪伴，實在太苦了！這究竟是什麼道理啊？為什麼人間這麼不美滿呢？」最後他們看破了，信仰了佛教。他們一直想要找個法師來講經，卻沒有人來，有一天不知道打哪裡來了個遊方和尚，夫妻倆把他當成寶看待，邀請他講經。這個法師說：「我不會講經！」他們卻說：「法師您太客氣了，我們一定要邀請你說法，請您留在家裡接受我們的供養。」

飯菜吃過了，講台也搭起來，兩夫妻請法師上座，他們則跪在下面聆聽佛法。法師心想：「當初沒有好好學佛法，現在怎麼說法呢？」著急得大汗直流。忽然間冒出一句：「苦啊！」意思是他不會講經好苦。老夫妻一聽，連忙磕頭：「唉呀！不錯，真的苦。像我們這麼有錢卻連個兒女都沒有，法師講的真是一點都不錯，苦啊！苦啊！」

法師看他們還跪在那個地方，該怎麼辦呢？便說道：「唉！真難。」老夫妻又趕快磕頭，「唉呀！一點不錯，真難，要想有個兒女好困難。」

法師再看看這兩個夫妻，還是跪在那個地方，不知如何是好，心想算了！三十六計走為上策。

老夫妻跪了很久，抬起頭來，法師已不在座上，驚呼：「今天佛祖下凡，點化我們人生真苦、真難，我們以後要好好修行啊！」

苦，是我們學道的增上緣，知道苦才肯學道。佛教說苦不是目的，佛教說苦不是要我們受苦，佛教講苦是要我們知道苦，要我們進入學道的世界。就像很多人飽經世故，受過很多的苦後，回頭是岸，照見五蘊皆空，終於可以度一切苦厄。

佛陀在世的時候，有一位比丘尼，叫做優波先那，有一天在山洞裡面打坐，卻被一條毒蛇咬傷。他想：「我的生命就要結束了！」於是就叫同道們把長老舍利弗請來，「我要和他講話。」長老舍利弗請來了，他說：「舍利弗尊者，我被毒蛇咬了，我快要死了，現在沒有辦法和佛陀告假，請你代我說一聲吧！」舍利弗一看，說道：「你氣色一點都沒有變，人好好的，怎麼說是被毒蛇咬了呢？」

優波先那說：「舍利弗，你跟隨佛陀這麼久了，難道還不懂佛法嗎？

毒蛇能咬我的身體，但是牠不能咬空。我現在在觀空，所以身體雖然被咬了，但是我在空中的思想、空中的境界裡，牠是不能咬到的，因此我的氣色也就沒有改變了。」

了解空的人，對於生死總是談笑自如，為什麼？認識空以後，就知道人是不死的。一般人不認識空，以為死了就空了。認識空的人就知道，空裡面有死也有生，有生也有死。所以，我們不要以為死了就沒有，死了還會再生，是不空的。

所謂「照見五蘊皆空」，就能「度一切苦厄」。無我怎麼能無苦呢？

舉一個例子。西方國家提倡踢足球，往往一場球賽就有十幾萬人觀看，可謂風靡，甚至瘋狂。最初，有的人在電視上，看到一個球沒有踢進去，氣得一拳把電視機打壞；有的人看到輸球了，就跳樓自殺。比賽的時候，觀眾經常是看到贏球了就歡喜，看到自己支持的球隊勝利了就高興。

有這麼一個趣談。歐洲體育之風非常盛行，十幾萬人在足球場觀看足球賽，座位很是擁擠，有一個人邊看球邊抽香菸，一不留神，燙到了鄰座的人的衣服，結果衣服慢慢的燒了起來。「痛啊！」這個人就想：「不得了！是我的香菸燒到別人了。」趕緊就向鄰座的人道歉：「對不起！我的香菸燒到你的衣服了。」「不要緊！不要緊！回去再買一件。」意思是說，你不要囉嗦了，讓我專心看足球吧！這是什麼心？無我的心，在他的心裡只有球，球重要，我不重要，衣服也不重要，回去再買一件就好。

但是沒想到，衣服上面的火並沒有完全熄菸，又延燒到另外一邊，一個小姐的頭髮也燒起來了。「哎喲！頭髮燒起來了！」這個抽香菸的人趕緊又說：「對不起！對不起！是我的菸引起的。」「沒有關係、沒有關係！燒了不要緊，回去再買一頂就好了。」他連頭髮都不要了，覺得只要再買一頂就好。這是什麼意思？無我，他要專心看球。

當然這些人都不是真的照見五蘊皆空，不過，都有相似的無我：衣服燒了不要緊，頭髮燒了也不要緊，不計較、不打架、不吵嘴、不感到苦。如果沒有無我，這還得了嗎？他們不就要爭吵，甚至打起架來了嗎？

所以，《般若心經》告訴我們「五蘊皆空」的妙用。

在這個人間，你能有也好、無也好，生也好、死也好，多也好、少也好，大也好、小也好，哪裡都好，如是觀之，那麼你就擁有這美妙的世界，擁有空的世界、空的人生。

我們對於苦要有一個正確的認識。「人生是苦」是佛教常講的一句話，而苦有好多種，比方有二苦、三苦、四苦、八苦、無量諸苦。

「二苦」，就是身體上的老病死苦，和心理上的貪瞋痴苦，也就是身苦和心苦。

另外，還有「三苦」，苦就是我們的感受，有時候我們感受到苦，有時候感受到樂，有時候也有不苦不樂的感受。總之，無論感受是苦的，是樂的，或是不苦不樂的，以佛法來看統統都是苦。

「苦受」，世間上的老病死、貪瞋痴、怨恨、嫉妒、求不得、愛別離，都是苦的感受。

「苦苦」，人生本來就是苦，再加生活上的苦、感情上的苦、思想上、見解上的苦，就成了「苦苦」，苦中之苦。

有的人覺得很快樂、我年輕貌美，我有錢、有背景，我的家世好、事業好，我一帆風順，我感到人生很快樂。其實，樂受，在佛教裡面還是苦。什麼苦？「壞苦」！不管你怎麼快樂，這些快樂終有一天會壞。你說你年輕美貌，年輕美貌會消失；你說你感情美滿，感情也會有壞去的時候。

快樂也會消失，快樂也是苦。

再說「不苦不樂受」。人家讚美你很有修養、很有道德，你覺得那沒有什麼；活到三十歲死，或是活到一百歲死，你也都無所謂；有得吃很好，沒有得吃也沒關係。雖然苦和樂都不能動搖你，但是不苦不樂還是苦，什麼苦？「行苦」。不管你如何有道德、如何有修養，不管你如何平靜、如何慈悲，諸行無常，歲月不待人，時間是不會饒過你的，你會有變化的，會有無常的苦。

所謂「四苦」就是生老病死苦。「八苦」是生老病死苦以外，再加上「求不得苦」，欲望不能滿足我們，就會苦，還有「怨憎相會」、「愛別分離」及「五陰熾盛苦」。五蘊皆空的「五蘊」，又叫五陰。陰是蓋覆的意思，如同房子的屋頂能遮蔭、大樹能遮蔭。人，有五個東西會把我們的本性真如遮蔽。哪五個東西？就是色、受、想、行、識五蘊。「蘊」是積聚的意思，色、受、想、行、識五蘊積聚了以後，就會像熾盛的火焰般燃燒，這個「我」也就要受無常之火燃燒了。

我們讀《釋迦傳》的時候看到，佛陀從王宮裡逃出去後，許多大臣們在後面追趕：「不行！你不能出家，你的父王要把王位交給你，你的姨母在那裡叫喊著你的名字，全國人民失去了領袖，都非常哀傷，大家都希望你趕快回去！」

佛陀怎麼說？他說：「我告訴各位，當房子失火時，如果我已經逃離了這間房子，你還會再叫我進去嗎？我怎麼能這麼傻呢？無常的宮殿、無常的人生燃燒著我，而我已經離開了無常燃燒的火了，怎麼能再回去呢？」

「你不能出家，王位多麼尊榮，國家的財富很多，你可以擁有的權力很大，美女、醇酒很多，快樂是享受不完的，回去吧。」大臣們說。

釋迦牟尼佛回答：「不能！在你們看五欲是很快樂的，但是在我看來，五欲是什麼？等於吃下去的東西，我把它吐出來了，你還要叫我把這個東西吃下去，我是吃不下去的。我已經捨棄五欲的生活，儘管你們說有多少人想念我，但我知道我正是因為有想念、有愛，所以必須去學道。」

人生等於甲、乙兩人從兩個方向走來，在交會點相會一下，然後就各奔西東。就如俗語所說：「夫妻本為同林鳥，大限來時各西東。」色、受、想、行、識就像火焰交織般，因緣散了，一段時期的生命就結束了。所以，人身難得，我們不能對自己的生命馬馬虎虎！

我們要想離開苦，就必須知道苦從哪裡來？苦的來源找出來，我們才可以脫苦。

苦的來源如下：

一、我與物

因為我們對於物質的要求不能滿足而產生的苦。當我和物質不協調，我對物質的欲望不能滿足時，就會產生苦。

二、**我與人**

人與人之間不協調而產生的苦。人和人的關係不能圓滿，若是看到討厭的人就不高興，看到不欣賞的人就不歡喜，就要苦了。

三、**我與身心**

與自己的身心不能和合、順利而有的苦。比方才二十歲、三十歲，腸胃就不好；才五十歲、六十歲，眼睛就看不到，牙齒就咬不動，走路也走不動了等等。身體的衰老逐漸給人帶來苦。

除了身體上的苦，心裡想不開也會苦。有時候身體的苦引起了心理的苦，有時候心理的苦也會引起身體的苦，比方說心裡有煩惱，吃不下、睡不著，當然就沒有力氣了，身體也就苦了。身體有病，不論是腸病、胃病、頭痛、高血壓，為此煩躁、煩惱、憂愁、苦悶，心裡也就苦了。身心之苦是互相交織的。當然，我們學佛主要的目的就是要能做到心不苦，進而能使身體不苦，這是可以訓練的。

一九五五年，我才二十幾歲，有一次在台灣環島布教，不知道是什麼原因，拜佛拜下去忽然就起不來了。我心想：以後講經不能站著講，那怎麼辦啊？

後來到醫院，醫生一看就說：「你這是嚴重的關節炎，必須把腿鋸斷才能保全生命，不然關節炎發作會傳染到全身。」大家一聽，替我感到緊張。這怎麼辦啊？以後變成個瘸和尚，說法能，走不能了。不過，我那時候想腿鋸斷也很好，為什麼？我不必奔忙了，可以安心在家看經、念佛，不是更幸福嗎？

當我這樣想的時候，頓覺人生有很大的力量；當我心裡沒有屈服的時候，也影響到我身體的改變。我從那時起，再也沒有為這個病痛看過醫生，沒有打過針，更沒有吃過藥；可見心能發揮堅強的力量。

佛光山台北別院的第一任住持慈莊法師，他的父親是宜蘭人，十幾年前我請他到高雄幫忙，他忽然暈倒、吐血，我們找了醫生來看診。高雄市立醫院院長看了之後，看診包一提就走了，一句話也沒講。

我們趕緊又再換一個醫生來，那個醫生一看便說，「這個人能活著真奇怪，我一生都沒有看過！」為什麼呢？「他五臟六腑都爛掉了，怎麼還能活著呢？」我說：「有沒有希望？」他說：「沒有希望，不過我們試試看。」

從那時候起，經過了十幾年，慈莊法師的爸爸身體都很好。五臟六腑爛了，為什麼精神還是很好、生命品質還是很好？關鍵就在於精神力！精神力可以帶來身體的健康。他後來出家，法名慧和。

四、我與見

有的苦，是從內心的思想、見解錯誤而引起的，因我們對世間錯誤的認識而生起的。本來沒有這一回事的，就因自己妄想、計較、執著而有錯誤認識。

這個世間人情是非很多，人們常常因為錯看外在的人事關係，而造成誤會，多年的好朋友，為了一句話，一誤會就是幾十年，一誤會，就是吵架收場，不論多少年的感情都不顧。

多年前有一個樂善好施的銀行家，他獨身，沒有家庭，經常資助孤兒院裡的孤兒，其中有一個小女孩，從中學到大學都是這一位銀行家王經理資助她的。

小女孩大學畢業了，有一天，她跟銀行家說：「我要嫁給你！」他說：「不要，我們做善事不是要人家感謝的，我是沒有企圖的。」小姐說：「我知道，我無以回報，我這一生的成就幸福都是你給的，為了感謝你，我自願嫁給你。」就這樣他們兩個人結婚了。

雖然是老夫少妻，不過感情很好。有一天，這一位銀行家王經理的表弟告訴他：「表哥，你怎麼讓表嫂到外面去工作呢？」

王經理說：「現代的女性應該要服務社會。」

「表哥，不瞞你說，我常看到表嫂跟年輕的男子逛公園、看電影。」

「謝謝，沒有的事。」

他心裡想：「我太太是自願嫁給我的，還會有這個問題嗎？」他心裡一點都沒有罣礙。

又過了幾天，朋友請這個太太吃喜酒，原本夫妻兩人要一起前往，但是先生說：「我今天下班很累不想去，妳代表我去就好。」太太說道：「好，你就在家裡休息，我去了。」

這個先生在家裡閒著沒事，翻動著房間裡的東西，後來在太太的枕頭下，發現了一個鏡子，就在拿出來的時候，小鏡子忽然分開成兩面。鏡子的後面有一張照片，自己的太太摟著一個年輕俊俏的青年。

「妳這個不要臉的女人，我的表弟來跟我講，我還不相信，現在真的讓我親眼見到了。」他一氣之下，拿出酒來喝，但是卻愈喝愈煩惱，借酒澆愁愁更愁。

過了一會兒，他太太回來了，一看便道：「人家請我們喝酒你不去，怎麼一個人在家裡喝悶酒呢？」他不開口。太太說：「你怎麼不講話呢？不要這樣子，時間不早了，休息吧！」

不論她怎麼講，先生都不開口。太太拿他沒有辦法，「你不睡覺，我就先睡了！」於是她朝床上一坐，拿起了鏡子，小鏡子已經讓先生又架好了，於是她照照自己，說道：「你怎麼不理睬我呢？你看！我這麼漂亮，怎麼不跟我講話，你應該歡喜啊，我們這麼相愛。」

這個先生實在聽不下去了，往前一把就掐住她的脖子，太太大驚，「為什麼？怎麼樣呢？」這個先生拿起鏡子一把捏碎，並把照片取出來給她看，太太看了，嘿嘿地笑起來。先生更為生氣，「妳這種不要臉的賤人，看到如意情人，很歡喜是吧？」一把就將她掐死了。

太太死了以後，他逢人就說新婚不久，太太暴病而亡，就這麼把她埋葬了。

過了半個月，表弟來了，說道：「表哥，我有一件事情很不安心。」表哥說：「什麼事？」表弟說：「表嫂的死是因為我吧？」表哥答：「不是、不是，與你沒有關係。」

表弟說：「我向表哥懺悔，表嫂人很好，我之所跟你講那些話，是我想要害她的。因為她太漂亮了，我在追求她，而她卻不睬我，所以我故意在你的面前陷害她。但是我心裡一直不安，是不是因為這樣子，所以你把她害死了？」

他說：「不是啦，你不要多心，和你一點關係都沒有。」先生一點也不懊悔。

有一天，郵差送來一封信，是寄給他太太的，他想，太太都死了，怎麼會有來信？打開一看，信上這樣寫：「梅，高中女校畢業以後，分別已經五年了，我現在已經是兩個小孩的媽媽了，聽說妳大學畢業也結婚了。妳記得嗎？我們在畢業的晚會上，演了一齣話劇，我演男子，妳演小姐，之後我就把當時拍的照片，鑲在鏡子後面送給妳，妳還保存著嗎？我原本預備十年以後才告訴妳，讓我們回味青年時期的歡喜，感受人生的快樂。但是人生過得太快了，五年變化這麼大，假如妳還留有那個小鏡子，請妳打開來看，那裡面有一張照片。」

這位先生一看，「天啊，我做了什麼！」這就是錯誤認識的後果。

誤會有時會造成大不幸，所以人與人之間要相互體諒，相互了解，不要以自己的情緒去決定事情，不要以自己錯誤的認識貿然決定，造成終身的遺憾。

五、我與自然

苦從哪裡來？有的是從自然界的災難，譬如地震、風災、水災而來。自然界加之於我們的苦，有時候是我們無法抗拒的。天長地久有時盡，痛苦綿綿無盡期。或許有人說：何必把人生講得這麼可怕呢？我們還是感到很好啊！我以為，是很好，但是這個好、這個快樂卻是短暫的。

佛經裡有這麼一則故事：

有一個旅人行走在曠野中，忽然間，大象、老虎在後面追趕。這個人不斷地奔跑，卻始終沒有地方躲藏。最後，他看到了一口大井，心想：「到井裡面去就可以藏身了。」跳下井裡後，「唉呀！井底有四條毒蛇，這下子不得了，怎麼辦呢？」正好有一根樹藤從井口往下垂吊，於是他抓著這根藤，往下爬，但是上不能上，下不能下，令他非常恐慌。這時候來了五隻蜜蜂，嗡、嗡、嗡，滴下了五滴蜜，正好就滴到他的口裡，甘甜的味道，讓他忘記了危險的痛苦。

這故事意味著什麼呢？旅行的人就是我們每一個人；曠野就是人生；大象、老虎就是來奪取我們生命的「無常」；深井就是生死；四條毒蛇就是四大五蘊；樹藤就是我們的生命線，我們無時無刻不緊緊的掌握住我們的生命線；五滴蜜就是五欲，財、色、名、食、睡。我們的人生就像吊在井裡，攀著一條生命線，享受著五滴蜂蜜，暫時忘記危險的旅人。

這樣的人生，你說怎麼不苦呢？

總之，苦從哪裡來？從五蘊來，從我來，因為有我才有苦。既然我們知道苦的原因，是因為有我，那麼，就要照見五蘊皆空、要無我才能離苦。

怎麼樣除苦？科學的發達，能解脫人一部份的痛苦；醫學發達，能給人類延年益壽；經濟發展，改善大家的生活；政治清明，人人路不拾遺，家家夜不閉戶，大家無憂無慮。然而科學、醫藥、經濟、政治雖能解決我們人生一部分的苦，卻不能解決我們根本上的苦，不能解決人的煩惱、不滿足、憂慮、生死。那麼要怎麼樣才能真正解決痛苦呢？

用般若智慧增加自己的力量。增加見解上的力量、思想上的力量、心理上的力量、感情上的力量；有力量就能面對人間，就能無憂無慮。

有人說，信佛教要死，不信佛教也要死；不信佛教有煩惱痛苦，信佛教還是有煩惱痛苦，那何必要信佛教呢？還是要信仰佛教，因為信佛教是增加自己的力量，力量增大了，雖有生死，但無懼於生死；雖有痛苦，但無懼於痛苦。

我們看到，有些人沒有宗教信仰，稍微有一點風吹草動，稍微有一點挫折，就覺得不得了了，無法應付，無力支持，最後自暴自棄，或消極自殺。假如能有個宗教信仰，有了力量，就覺得一次失敗沒關係，還有再來的機會；做錯了事、生活潦倒了，沒有關係，我還是能應付，因為我有修養，我有信仰。信仰就是力量，信仰會增加力量，不過這種力量也不是憑自己的血氣方剛、匹夫之勇，那是支持不久的。

人要有般若的智慧，才能消滅痛苦的根源。痛苦的根源從欲望而來，只要我把雜染的欲望降到最低，就不苦了；痛苦的根源是從愚痴、邪知、邪見、執著、愚昧來的，那麼我不去執著它，就不苦了。我能有無我相、無人相、無眾生相、無壽者相的般若智慧，明白身體是因緣和合的皮囊，不在妄想、顛倒、自私、執著上花工夫，就不苦了。

既已點燃般若的火炬，照亮了朗朗乾坤，照亮了人生，那麼生死何所懼？照見五蘊皆空，也就能度一切苦厄了。

人生在世，再多錢，良田萬頃，日食幾何？華廈千間，夜眠八尺，再多錢究竟能用多少？可是往往人不怕錢多，有了一千，就想要一萬；有了一萬，就想要十萬。這個世間有一個奇怪的現象，往往愈是沒有錢的人愈歡喜布施，愈是有錢的人愈貪心，當然也不是每一個人都如此。為什麼說有錢的人貪心呢？因為多還想要再更多。

有一家大公司的董事長，收入很高，每天財源滾滾而來，取用不完。但是一回到家，總覺得不如意，心靈很空虛，看電視就煩躁，聽電話就討厭，雖住在華屋高樓裡，卻像是活在地獄一般的痛苦。甚至有時候夫妻倆吵架，兒女驕縱不聽話，更是令他煩惱不已。

我們經常看到有的人，治國有辦法，治家卻沒有辦法；例如好多的將相大臣，統理國家很有辦法，回家卻沒辦法。甚至治家有辦法，治自己的心就沒辦法了。我們這顆心很麻煩，所謂「擒山中之賊易，捉心中之賊難」，心好像盜賊，很難降伏。《金剛經》裡也說「如何降伏其心？」可見心不容易降伏。

有一次，正當這位董事長心裡煩悶，覺得很不開心時，來了一個朋友，他說：「你今天怎麼又不高興，又起煩惱了呢？」董事長說：「氣人！氣人！」朋友問：「什麼氣人？」

「你看樓下住在違章建築裡的那一對夫妻，天天都可以聽到他們在彈琴唱歌，甚至快樂的跳舞，而我們雖家財萬貫，回到家裡卻覺得苦悶不已。」

「原來你是因為這樣而生氣？那麼你把一點『苦』送給他們好了。」

董事長說：「苦還可以送人啊？」朋友答：「當然可以送給人。」

「怎麼送法？」「你拿二十萬元給他們。」

「那是什麼意思？」「你照我的話做就對了！」

「好，送二十萬去。」

貧窮的小夫妻收到這二十萬元，歡喜得不得了。但自此之後，每天到了晚上，他們就心生煩惱：「我們這二十萬元怎麼辦呢？放到抽屜裡？不行，抽屜沒有鎖，小偷一來就偷去了；放在床下面，不安全，萬一我們睡著之後，小偷一摸就摸走了。」放這裡也不安心，放那裡也覺得不安全，兩個人就在那裡商量、討論，討論、商量，天都已經亮了，一整夜都沒有睡覺。

這時候，丈夫警覺：「糟糕！我們上當了。」

「上了什麼當？」

「上了富人的當，他把煩惱痛苦丟給我們了。我們本來很快樂的，但是自從他給了我們二十萬元以後，都沒辦法好好睡覺，還是把這煩惱痛苦的二十萬還給他，我們不要了！」

所謂「安貧樂道」，貧窮不一定是苦的，貧窮也有快樂，而富有不一定快樂，富有裡面的痛苦更多。人之所以會苦，與我們的欲望、我們的境遇、我們的情執、我們的人際、我們的環境都有關係。如何把許多關係處理得好，要把自己的心治好，用般若的智慧照見我空，照出內在的真心。只要安住在平等的真心裡，僅管人間有種種營求、萬般波濤，你也能「度一切苦厄」！

因緣如花開花謝

舍利子，色不異空，空不異色；色即是空，空即是色，受想行識亦復如是。

不了解佛教的人，一看到學佛的人就愛開玩笑說，「唉呀！阿彌陀佛！色即是空，空即是色。」其實什麼叫作「色即是空，空即是色」呢？有人會拿這句話來嘲笑佛教。因此，我們務必要把這句話理解清楚。

這一段話正是佛教對人間的看法。佛教對人間有什麼看法呢？就是「色不異空，空不異色，色即是空，空即是色」。空，是佛法對人間、對人生一種肯定的說法。

「舍利子」是一個人的名字，就是舍利弗，他是佛陀十大弟子之首、智慧第一的弟子。舍利弗是個很偉大的人物，很可惜他在佛陀涅槃前三個月涅槃。當他涅槃以後，目犍連尊者又被裸形外道給打死，為教殉難了。

所以，佛陀的兩大弟子舍利弗、目犍連，在佛陀涅槃之前就去世了。如同一對父母接連死了兒女，白髮人送黑髮人，這是一般人認為難忍的事情。

所以，後來佛陀涅槃以後，經典結集的責任就落到了大迦葉的身上。大迦葉是十大弟子中頭陀第一的弟子，現在留傳的佛法裡之所以充滿苦行色彩，也都是與他有關係。如果舍利弗、目犍連當初不先佛陀而圓寂，能在佛陀涅槃之後結集經典，那麼以舍利弗、目犍連對人間的積極，對人間的熱情，對人間的慈心悲願，佛法的傳播應該不是現在這樣。

那麼，舍利弗為什麼要早於佛陀而圓寂呢？因為他不忍看見佛陀涅槃，所以自己先入涅槃。當然，這是因為他能生死自如。

禪宗有一個故事。丹霞天然禪師到北方去參學，由於下大雪，天酷冷，寺院沒有好好招呼他，隨便給他掛單了事，他就把大殿裡的佛像、羅漢像、菩薩像拿下來烤火取暖。

知客師來一看驚叫：「你在燒什麼？」「我在這裡燒舍利。」

那個知客師說：「胡說！木頭的像怎麼會有舍利子呢？」「木頭的像

沒有舍利子，那多拿幾個來燒有什麼要緊？」

看這個故事，我們覺得那一個人的功夫高？雖然丹霞天然禪師燒佛像，但他是尊敬佛的，因為心中認為木頭佛像有舍利子，所以在這裡燒舍利。知客師父天天在那裡拜佛，卻認為這是木頭的像，沒有舍利。你說那一個人信仰的層次高？拜的人沒有燒的人高！

過去有一位禪師在佛殿裡做課誦，突然間咳嗽，吐了一口痰，原本應該吐到痰盂子裡，他卻吐在佛像的身上，糾察師見了，指責道：「你怎麼可以把痰吐在佛像上？」這個禪師連忙道歉，但是說完對不起之後，就講：「請告訴我，虛空之中哪裡沒有佛？我還想要再吐痰。」

有人信的佛，是木刻的佛像；真正的佛，則充滿在虛空之中。我們要信的是法身佛，虛空都是法身。所以在佛教的信仰裡，虛空都是佛。所謂「空中生妙有」，黃金是空，所以能生出戒子、耳環、手鐲、金筷、金碗、金盤子，空是本體，有是現象。

空是什麼？有是什麼？空是水，有是波；空是水性，有是波浪。大海是什麼樣？大海波濤洶湧，澎湃不已，排山倒海，千差萬別，那就是現象上的有。海只有動的樣子嗎？非也，海是水，水性是靜的，它的本體是靜的，因為無明風，而把靜的水吹得動盪起來。所以，波浪是動的，但波浪是水，水不是動的，是靜的。

我們要認識水性，不必等到風平浪靜。一個人有般若，就是在海水波濤洶湧、動盪不停的時候，也能看出水的本性是靜的。我們對於千差萬別的現象界要認識：它是空的，是靜的，都是真如，都是法身，都是實相。本體和現象是不離開的，從本體而有種種差別現象，差別現象歸原還是平等的自性。

空是什麼？空是理，有是事。空是一個理性，真理的根據；事，同樣的道理，可以成就好多的事。佛經裡有此一說：「欲會無為理，先從事相看。」無為就是平等、出世間的道理。想要會無為的道理，必須從相上看，從事上看，從動亂裡可以知道寂靜，從差別裡可以知道平等。

空和有是很難懂的，空是精神，有是物質；空是一，有是多；空是平等，有是差別；空是性，有是相。沒有差別，怎麼知道平等呢？沒有平等，怎麼會有差別？從一有多，多又歸一；千差萬別的相狀，歸原則性一如也。

什麼是空和有？用譬喻來說，空是爸爸，有是媽媽。爸爸怎麼樣？爸爸很嚴格，父嚴如日；母親怎麼樣？母慈如露。世間萬物如果只有太陽照射，統統都曬枯、曬乾、曬死了，那不行；如果只有甘露滋潤，太潮溼，也是不行。

世間萬物的生存，要有太陽的照耀和甘露的滋潤，好比人一代又一代的延續生命，要有父親和母親的撫育。空是嚴格的、理性的，就像嚴父；有是慈悲的，就像慈母。空就是有，有就是空，好比小孩子，光有嚴格的父親不能順利成長，還要有慈悲的母親。

《禪林寶訓》有兩句話說：「姁之嫗之，春夏所以生育也；霜之雪之，秋冬所以成熟也。」春風夏雨，能令萬物欣欣向榮；秋霜冬雪，能令萬物成熟。宇宙世間，要空有和合、本體現象和合才能成就。空和有是分不開的，春夏秋冬是相聚在一起的，只因眾生愚痴、成見，所以認為空的不是有，有的不是空。

有一個師父，每次收的徒弟長大了以後，都回到社會上去了，為什麼？經不起社會的誘惑。這個師父很傷腦筋，心想：這一次收的小徒弟，絕不給他在世間受誘惑，要把他帶到深山裡去修練。

於是，他就把兩個小孩帶到深山裡修練。等到他們長到十七、八歲的時候，這個師父想給他們考試。怎麼考法？師父帶著他們到都市遊玩，以便觀察他們是不是會受都市的誘惑。結果，這兩小男孩到了都市裡，什麼都不要看，專門看漂亮的女人。這個師父就說了：「不要看！那都是吃人的老虎。」

等到都市走了一遭，回到山裡後，「徒弟！今天帶你們到都市裡玩，都市裡有高樓、有車子……你們說什麼東西最好看呢？」兩個徒弟不約而同的說：「吃人的老虎最好看。」

為什麼吃人的老虎最好看？這叫作習性，所謂習性難改。

人依習性往往會錯看人間的事物，而佛法是用空、有，用「色即是空，空即是色」、「色不異空，空不異色」，更高一層的境界來看世間，情況也就不一樣了。

智慧第一的舍利弗、神通第一的目犍連原先都是婆羅門教的領袖，擁有很多的弟子。有一天，舍利弗在街上看到一個穿著袈裟的出家人，身相莊嚴，心想：「我們這裡怎麼會有這樣的修道人呢？」於是問道：「你是哪裡人氏？你叫什麼名字？你的老師是誰？他跟你們講些什麼？」這一個出家人就是佛陀最初度化的五比丘之一的阿捨婆闍，又叫阿說示。他說：「我叫阿說示，我的老師是釋迦牟尼佛，他跟我們講說：『諸法因緣生，諸法因緣滅，我佛大沙門，常作如是說』。」

各位現在聽到「諸法因緣生，諸法因緣滅」，會覺得這有什麼了不起。可是舍利弗一聽，「這可不得了了！」怎麼不得了？幾十年的修行、追求、探討，想不通的問題頓時都得到了答案，迷妄、迷執瞬間豁然開通，覺悟了。

一切世間森羅萬象是怎麼會有的呢？因緣而有；世間諸法又是怎麼會沒有的呢？因緣滅了。佛教的教義是圓的，凡事講「因緣和合」，人從哪裡來？因緣和合而有。說到因緣，一花一草、一事一物，甚至整個宇宙萬法，都在因緣裡面。

舍利弗回去後，趕緊找目犍連，告訴他：「我們遇到明師了，我們有老師了！」目犍連說：「不要亂說，世間上哪裡有人夠資格做我們的老師？」「有的，他是釋迦牟尼佛。」「他怎麼可以做我們的老師？」「我還沒見到他，但是他的弟子告訴我『諸法因緣生，諸法因緣滅』」。

舍利弗這一講，目犍連也開悟了，兩個人非常的歡喜：「我們遇到老師了！」於是就把所有的弟子門徒一起帶去精舍，禮拜釋迦牟尼佛做他們的老師。釋迦牟尼佛常說的「千二百五十人俱」裡頭，有很多就是他們的弟子。而舍利弗、目犍連就是佛陀最初的大弟子、左右手，佛法的開展與他們有很大的關係。

當佛陀在南方摩竭陀國，還沒有到北印度憍薩彌羅國弘法時，憍薩彌羅國的須達長者就來邀請佛陀到北方說法。佛陀說：「這麼多人都要到北方去，怎麼有地方說法呢？」於是須達長者發了大心，買下波斯匿王的兒子祇陀太子的花園。花園全是用黃金鋪地，在這裡，他興建了祇園精舍。

這個講堂可大了，能容納上萬人。督導工程的是誰？就是舍利弗。佛陀說：「你先到北方去把祇園精舍建好，我馬上帶著你的師兄弟們到北方來。」所以佛法在印度的傳播與舍利弗有很大的關係。

《般若心經》一開始為什麼就說「舍利子」？因為對一般人講「般若智慧」，是聽不懂的，所以要對大智慧的人說。在佛陀講說的經典裡，一定會有個當機者，例如講《金剛經》、講空時，須菩提是當機眾；講《彌陀經》時，舍利弗是當機眾。畢竟十萬億佛土以外的極樂世界，沒有大智慧者，怎麼會相信這是事實呢？因此，現在講《般若心經》，講到宇宙人生的本體論、現象論，也必須有一個大智慧的人做當機者，那個當機眾就是舍利弗。

《般若心經》如何說明空和色的關係？一般人認為空和色沒有關係，色就是有，空就是無，色和空、有和無，統統都沒有關係，有的不是無，無的不是有。這是錯誤的認知。

《般若心經》為色和空、有與無建立了關係。大家不要以為：有、無是兩個，有不是沒有，沒有不是有，其界限分明。有和無就是色和空，在

《般若心經》裡，用「不異」、「即是」把它們調和起來。不異，就是「不是不同」，有和無不是不同。我們往往把有和無視為不同，其實它們並沒有不同，有和無「即是」，所謂「色即是空，空即是色」，「不異」和「即是」把空有的關係說得很微妙。

那麼，這個世間究竟是空還是有呢？

有一個老和尚正在打坐，大徒弟來了，對師父說：「師父慈悲，在這個世間上，一天到晚講空、空，嚇得人都不敢信佛教了。天也空，地也空，妻子兒女都是空，那一個敢來信佛教？應該講有，有才能契合眾生的根機，那個人不希望有功名富貴、有妻子兒女、有田地房屋？」師父就跟大徒弟點點頭說：「你說得對、說得對。」大徒弟很高興的走了。

過一會兒，小徒弟來了，「師父，現在的佛法，怎麼都這麼廉價出售，都是講一些方便的法門？有，有富貴、有功名、有妻子、有兒女，這不是佛法本來的精神。佛法本來的精神是空，空才是真實、空才是實相、空才是真理、空才是價值。」師父一聽，「你說的對！」小徒弟也高興的走了。

站在一旁的侍者給弄糊塗了，大徒弟說對人間講有，你說對；小徒弟跑來說對人間應該講空，你又說對，奇怪！奇怪！忍不住問道：「老和尚，究竟是空對呢？還是有對呢？」老和尚說：「你的對。」

誰對？老和尚最對。老和尚講的空就是有，老和尚講的有就是空，色即是空，空即是色，色不異空、空不異色，講空講有都對。說空是有上的空，說有是空裡的有，空和有是真空不礙妙有，妙有不礙真空；空和有是一物的兩面，不是兩個東西，它們是分不開的，它們是「即是」，它們是「不異」。

什麼是空？什麼是有？它們怎麼會有關係呢？

舉個例說，空是黃金，有是器。一塊黃金，把它做成耳環，戴到耳朵上；做成戒子，戴在手上；做個洋娃娃，可以把它當裝飾用。我們說這是耳環、這是戒子、這是洋娃娃，其實耳環、戒子、洋娃娃都是黃金。黃金是本體，器具只不過是種種的差別相。

供在桌前的佛像，無論是紙的也好，布的也好，泥塑的、木雕的也好，它在我們的心裡也已經不是泥塑、木雕、紙做的佛像，他在我的心裡是佛祖，是我拜的佛祖。

其實，真正說來，佛教是不拜偶像的，佛教教導我們的是從有相歸於無相，是沒有偶像觀念的。偶像是有相，有菩薩、有佛、有羅漢、有高僧。空才是無相。

講到色與空，就是講有和無的關係，就是講精神與物質的關係。所謂「色不異空」，就是說有和無沒有不同，精神和物質也沒有兩樣。色和空、精神和物質、有和無的關係如何表示呢？《般若心經》以「不異」和「即是」來表示。

「不異」就是「同而非異」。所謂「色不異空，空不異色」，也就是色不離開空，空不離開色；精神不離開物質，物質也不離開精神。把空和有說成「不異」，用現代話來講就是破除我人的舊思想，因為在我們的思想裡，空和有是兩回事，精神和物質也是兩回事。

這裡講的「空即是色，色即是空」，所謂「即是」，就是在「建立我人的新觀念」。「即是」又比「不異」更進一步，精神和物質、有和無不但是「不異」、不離開，還是「即是」，精神就是物質，物質就是精神，有就是無，無就是有。

我們或許會想：這個新觀念怎麼建立得起來呢？有就是無，無就是有，這太矛盾了，精神怎麼會是物質呢？物質怎麼會是精神呢？物質是物質，精神是精神啊！

讓我舉個例子。有一天，我帶了好多學生，進行一道水泥牆壁的工程，由於砂石、水泥很笨重，我看他們做得很累，就說：「我們休息十分鐘！」利用這個時間，我就和他們說：「我們做的這一道牆壁，它是物質的，但是唯識家講『三界唯心，萬法唯識』，這個宇宙世界與精神是有關係的，因此，現在大家要把我們的精神，把我們的發心，灌輸到物質裡去。我人死了，精神與物質還是存在。你們說這棟房子是物質的，但是經過了設計師的畫圖，這棟房子就有這位設計師的精神、智慧在裡面；一磚一瓦的建築裡，有工人的血汗、力氣與精神，有多少藝術師的裝潢，他們的智慧精神也都在這棟房子裡面。」

看起來是物質的東西，裡面卻留住了精神的力量。光是物質的砂石，沒有精神的內涵，怎麼成為一間房子呢？所以，物質裡面是有精神的。

如何表現我們的精神呢？你說我很有精神，是什麼精神？是我勤勞的精神、禪的精神、忍耐的精神，還是悲願的精神？精神有很多種類，要想表現精神，就要從具體的、有相的物質來表現無相的精神。精神和物質是有關係的。

中國人有「三不朽」的思想，所謂立德、立言、立功。好比佛陀要涅槃的時候，諸大弟子都來請求佛陀不要涅槃，常住世間。佛陀就說了：「我說過，有為法是苦空無常，那麼現在你們要我有為的身體不死，這就不是真理，就不合理了。你以為我是死了嗎？死不了的。我說的佛法如果流布在人間，大家都遵照佛法來奉行，不就等於我在世一樣嗎？你放心，如來的法身，永遠留在人間，法身就是精神，如來的精神永遠存在這個世間，與宇宙大化融為一體，永遠的照顧大家。」

有人也會這樣問：「信佛的人常講：『你要念阿彌陀佛』，阿彌陀佛在哪裡？」在極樂世界；「『你要念藥師佛？』藥師佛在哪裡？」東方琉璃世界；「釋迦牟尼佛在哪裡？」釋迦牟尼佛在我們這個娑婆世界。你說：「我怎麼沒有見到呢？」有一句話說：「菩薩清涼月，常遊畢竟空；眾生心垢淨，菩提月現前。」心湖裡的水是骯髒的，清涼的月當然就不能映現出來了，我們不能怪天上沒有月亮啊！

所謂「般若的花朵處處開，般若的花朵處處在」，佛也是一樣，佛的法身處處在，橫遍十方，豎窮三際。你若能懂，一色一香都是中道，一花一草皆是般若。故華嚴家說：「青青翠竹無非般若，鬱鬱黃花皆是妙諦。」你如果懂得般若，青青楊柳、綠色翠竹，都是如來的法身；你如果懂得般若，小溪裡的流水、冷氣發出的聲音，都是如來說法的音聲。

我們可以看到歷代的祖師大德們，有的人看到桃花開了、桃花謝了，他就覺悟了；有的人聽到殺牛、殺豬的音聲，他就開悟了；有的人聽到人家打鐵的聲音，他開悟了；有的人在除草中開悟了，有的人在磨豆腐時開悟了。打鐵、除草、磨豆腐，甚至花開花謝與佛法有什麼關係？其實只因機緣到了，因緣就成熟了。

過去佛教有一位香嚴智閑禪師，在百丈禪師那裡學道，後來百丈禪師年老了，指示他向溈山禪師學道。香嚴禪師很聰明，年輕有為，到了溈山禪師那裡，溈山禪師說：「師弟，聽師父說你聞一知十，聞十知百，很聰明。不過，今天我有一個問題問你，請你回答我。」

香嚴禪師說：「什麼問題？」溈山禪師問：「父母沒有生我們之前，我的本來面貌是什麼？」香嚴智閑禪師一聽，「這個問題怎麼回答呢？」

父母還沒有生養我們之前，我們做什麼，我們知道嗎？不知道。為什麼？人有隔陰之迷。過去的身體死亡了，換了一個身體，隔了一個陰，到了今世，就迷糊了，過去事也都不記得了。雖然人生從過去無量阿僧祇劫以來就生生死死、死死生生，不過這個身體一換，我是張王李趙，都記不得了。

香嚴智閑禪師百思不得其解，在師兄的面前第一關就沒有通過，感到很難為情。回到房間裡面就努力地看書，找尋答案，但始終找不到。忽然間，他想到：「讀書，光是讀是沒有用的，是沒有真實體悟的。」於是他就把所有的書籍統統燒毀，不再讀書了。「讀書有什麼用？師兄問我問題，我都回答不出來。」從此做個粥飯僧。什麼是粥飯僧？每天就是吃飯、睡覺，不讀書了。

在僧團裡，要當個粥飯僧也是不容易的。怎麼難做？如同小時候，媽媽常常罵小孩：「你閒得無聊。」太閒，日子也不好過。所以很多的大德們，名之曰粥飯僧，實際上他們都有密行，都是真修實練的。

從此香嚴智閑向師兄告別。既是粥飯僧就要去自耕自食，去種田除草，於是他就到南陽慧忠國師的故居自耕自食去了。

有一天，他在那裡除草的時候，鋤頭和石頭碰撞的那一剎那，他突然開悟了，想起過去師兄問他：「父母未生我之前是何本來面貌？」當時他不知道，就請師兄告訴他，不料師兄不願告訴他，並且說：「我若告訴你，將來你是要罵我的。」那麼他現在悟道了，立刻向遙遠的師兄禮拜，他說：「和尚、師兄、老師大慈悲，假如你當初跟我說了，用知識上的見解告訴我，我哪裡會有今天？今天我終於知道了！」於是他放下鋤頭，不斷禮拜。拜過了以後，說了這樣的幾句話：

一擊忘所知，更不假修持，動容揚古道，不墮悄然機。
處處無蹤跡，聲色外威儀，諸方學道者，咸言上上機。

他說：「一擊忘所知」，我今天在鋤田的時候，一擊便忘記了知識，忘記了分別的知識，離開了分別，就悟道了。我現在擁有般若、平等、無分別的智慧，跟過去的分別心是不一樣了。「更不假修持」，從此以後，我也不要再修行了。「動容揚古道」，原來一舉一動，一揚眉一瞬目，都是古仙人道，都是聖賢之道，都是佛道，這裡面都是佛法。「不墮悄然機」，我從此以後不再賣弄聰明了；「處處無蹤跡，聲色外威儀」，原來人所探求的，都是一個形相，但是佛法是沒有蹤跡、沒有形相的，所以要在聲色之外，找尋佛法、威儀；要在有相之外，體悟般若的平等、畢竟空。最後，「諸方學道者，咸言上上機」。

智閑禪師說了這些話以後，消息就傳到他的師兄耳中，便說：「真的開悟？假的開悟？叫個人去試驗他！」於是就叫仰山禪師去試驗他。

開悟也是要考試的，就像我們要想上中學、上大學必須先經過考試，佛教裡的修行也是要考試。例如打佛七，念佛念到四天、五天以後做個考試，了解自己究竟念佛念到什麼程度了。當然，除了念佛，參禪、開悟也一樣可以考試。

仰山禪師一到，說道：「師兄！聽說你已經開悟了，還做了一首偈子。這沒有了不起，有學問的人也能做。除了做這個偈子以外，你跟我說個道理好不好？」香嚴智閑禪師就說了：

去年貧，未是貧，今年貧，真是貧；
去年貧，猶有立錐之地，今年貧，立錐之地也無。

這一首偈子，從字面上來看是說，「去年貧，未是貧」，去年不懂，不只是不懂，簡直是愚昧分別；「今年貧，真是貧」，現在真窮了，而我已懂得空了，不在形相上執著有。「去年貧，猶有立錐之地」，過去我還在有依據、有相、有執著裡；「今年貧，立錐之地也無」，現在我已經完全進入到空的般若，進入到真理裡面去了。

仰山禪師聽了很高興，說道：「師兄，我回去再向大師兄說，你真的會得祖師禪了，真的開悟了！」

所以，我們除了要認識「色不異空」的「不異」，還要認識「色即是空」的「即是」，把我們舊的思想去除，並建設我們新的觀念。

「色不異空」這句話，依經文的道理來解釋，就叫作「萬有不離真如」，亦即萬有不離本體。色是萬有，空是本體，萬有沒有離開本體。而「空不異色」這一句話若用白話文來翻譯，就是「真如不離緣起」。所謂「空」就是真如，「色」就是緣起，真如沒有離開萬有的緣起，也就是本體不離開現象。

「色即是空」，也就是萬有依真如而起，萬有當體就是真如。「空即是色」，真如是為萬有所依，真如既為萬有所依，它的當下也就是本體。除了色和空是這樣的關係，五蘊中也不光是「色」如此，「受想行識，亦復如是」，受想行識也是如此。物質的色和空是這樣的關係，而受想行識和空的關係、和本體的關係也是如此。

我們現在講色和空是「不異」、是「即是」；就是說有就是無，無就是有，有不離開無，無不離開有。再用其它的譬喻來說明：「什麼東西都是有的。」這一句話是錯誤的。你以為什麼東西都是有嗎？有時候我們看太陽，看過以後，眼冒金星；有時候蹲在地下，忽然之間站起來，頭昏目眩，大地搖動。真的有金星嗎？大地有搖動嗎？你以為是有的，其實不一定是有的；你以為是這樣的，其實並不是這樣。

有時候，我們坐在靜止的火車上，旁邊的火車一開動，我們會以為自己乘坐的火車在走動。這是一種感受上的錯誤，類似這樣的事情，在日常生活中經常發生。

說「真如」，什麼是真如？拿來給我看！說「佛性」，什麼是佛性？拿來給我看！胡適之博士有一句名言：「拿出證據來。」那麼，拿出證據來證明真如、佛性的存在吧！好的，我們就拿出證據來吧！你愛不愛你的父母？愛。你愛不愛你的丈夫妻子？愛。愛不愛你的兒女？愛。愛不愛你的朋友？愛。所以，大家都有愛。我們現在要找出愛在身體的哪個部位，找來科學家解剖，把頭剖開，看看頭裡面有愛嗎？骨頭裡面有愛嗎？血液裡面有愛嗎？這樣做，愛找得出來嗎？找不出來！但你不能說沒有，因為我確實有愛的存在。

這個精神的空，這個真理，孕育在一切萬有裡面，它包容了萬有，它不是沒有。

燈怎麼會亮？因為有電。那麼電在哪裡？在電線裡面！好，那麼把電線一根一根剪開來看，是否真有電。電線剪開後，裡頭鑲嵌的銅條、銅絲蘊含的電，能看到嗎？所以，以為什麼都是有，有時候是錯誤的；以為什麼都沒有，也是錯誤的。有一些東西像是有，可是沒有；有一些東西像是沒有，可是是有，這就是有和無的關係，空和色的關係。像是有的，卻是沒有，像是沒有的，卻是有。所以，有和無是二而為一，一而為二，它們是不異不離，相即相是，因此就用「不異」、「即是」來表示空色的關係、有無的關係。

講到「空」，什麼是空？從肯定上說，什麼都是空。什麼是空？不但空是空，有也是空。

有一個外道問一休禪師：「什麼是空？空在哪裡？」一休禪師說：

「空在方寸之間。」於是外道拿起刀來，就朝一休和尚的心刺去，他說：

「你說在方寸之間，我倒是要看一看方寸之間的空是什麼樣子。」一休禪師平淡地說：「你到上野公園去看櫻花，究竟櫻花的心在哪裡？」

花沒有開，是什麼？「色即是空」；花開了，又是什麼？「空即是色」。有時候，空和色正是這樣的一個關係。

從肯定面來講空，什麼都是空。虛空之中包容了萬有，萬有也都在虛空之中。我們那一個人不是在空裡，那一個離開空？離開了空怎麼能生活、怎麼能存在？

每個人都有房子，房子就是我們生存、生活的空間。除了房子以外，還有朋友、有社會，有政府給予我們活動的公園、行走的道路等等空間。甚至自己的身體，衣服不能穿得太緊，不能沒有一點空間；我的口袋要空下來，不能沒有空間放東西。平常保護眼睛，保護耳朵，保護口腔，保護鼻子，為什麼？使我們的空間順暢，有空間才能生存。虛空有了萬有，有了我們，這是從肯定上來說明空。

無我的狀態

舍利子，是諸法空相，不生不滅，不垢不淨，不增不減。

再從否定上來解釋空。經云：「舍利子！是諸法空相，不生不滅，不垢不淨，不增不減。」什麼是空？「不」。什麼是空？「無」。

說到「是諸法空相」，「空相」這兩個字的解釋，就是「空的樣子」，人相就是人的樣子，菩薩相就是菩薩的樣子。空的樣子是什麼呢？空相就是實相，相要空才是實相。我們人生真實的樣子是什麼？是空相；宇宙真實的樣子是什麼？是空相。空的樣子就是真實的樣子，我們不認識空的樣子，對宇宙人生真實的樣子就不能認識。

《金剛經》說，虛空四維上下可思量否？不可以思量，虛空無相。虛空是什麼樣子？你說虛空是方的嗎？不是。是圓的嗎？是長的嗎？長方形、圓形、四方形都不是虛空的樣子。虛空是無相，無所不相，如果你建的是長方形的房子，虛空就是長方形的樣子；建的是圓形的房子，虛空就是圓形的樣子。因為虛空無相，就無所不相。

從否定上看空的樣子，可以舉一個禪宗故事來了解。

福建福州有一位古靈禪師，他在百丈禪師那裡開悟了。開悟後心想：「我之所以能認識自己，認識我的空相、我的本來面目，是剃度師收我做徒弟，給我出家，我才能有今日。所以，現在第一件事情就是要回去報師父的恩惠。」於是他就從百丈禪師那裡回到福州。

師父一看到徒弟回來了，「你在外面參學，有得到些什麼東西嗎？」

「沒有得到什麼東西。」

「有做些什麼事業嗎？」

「沒有做什麼事業。」

這個師父一聽，心想這個人也是沒有用。「好了，好了，在家幫幫忙，回來做做事。」於是他就這樣天天掃地、種花、煮飯。

年老的師父有時候洗澡不便，就跟古靈禪師說：「幫我擦背」。於是古靈禪師就替師父擦背，擦啊擦的，碰到師父的背，就說：「好一所佛堂，可惜有佛不聖。」他把師父的身體喻為一座佛堂，並有感而發的說，這麼好的佛堂，裡面應該要有佛，很可惜裡面的佛沒有成佛。意思就是說師父沒有開悟。

這個師父想，徒弟替我擦背，竟然說「好一所佛堂，可惜有佛不聖」，這麼樣膽大妄為。於是他轉過頭來看一看徒弟，古靈禪師又再說了：「佛雖然不聖，還會放光。」意思是說，雖然沒有成佛，但是還有作用，師父朝他一看，表示還會放光。

像這樣子的奇怪語言，一再的說，師父開始覺得莫名其妙。有一天，師父在窗下看經。古代的窗子都是棉紙糊的，不像現在是玻璃製成。師父看經的時候，有一隻蒼蠅老是想要朝窗子飛出去，但是怎麼鑽就是鑽不出去，一碰到窗子就掉下來，停頓了一下之後，再飛起，又想要飛出去。

徒弟一看，說：「世間如許廣闊你不肯出，鑽它驢年故紙作什麼？」

古靈禪師看起來是在罵蒼蠅，世間上這麼廣闊你不去，你在紙上鑽什麼？實際上這句話是在諷刺師父，這個虛空之大，悟道的機會之多，你都不能走出去嗎？天天看經、看書，在知識上找，不在心地上找，世間如許廣闊你不去，你鑽驢年故紙，在紙上哪裡能找得到？

聽出他話裡有話，師父就說：「喂！你剛才講什麼？」他說：「我剛才講的是一首偈子，『空門不肯出，投窗也太痴，百年鑽故紙，何日出頭時？』」

哪一天才能開悟呢？

師父這一聽，就說：「自從你回來，常常講這許多話，而且話中有話，你究竟跟哪一位老師得到了什麼，開悟了嗎？」

他說：「事不相瞞，我在百丈先師那裡已得到身心安住的地方。」

「這樣啊，了不起！好，搭台、準備寶座，請你升座說法。」

徒弟開悟，師父向他請法，這在佛教裡是很了不起的事。例如古代有名的譯經家鳩摩羅什，過去他的老師盤達多是小乘行者，在鳩摩羅什成為大乘佛法的高僧之後，盤達多回過頭來向鳩摩羅什學習大乘佛法，甘願做他的學生，自此「大乘小乘互為師」成為美談。

「不生不滅」，我們追求功名富貴，是永遠不能滿足的；吃藥打針、運動健身，身體再怎麼好，也是靠不住的，總有一天會壞去。因此，《般若心經》告訴我們，在虛妄的相上增加、計較，是沒有結果的，要在實相上、空相上體會、體悟，那裡面才有個不生不滅、永恆的生命。

「不垢不淨」，什麼是我們的本來面目？什麼是空的真實樣子呢？

不垢不淨，空的性質不是用骯髒或用乾淨來說的，是超越垢淨的，因為塵垢也好，清淨也好，都是對待法。什麼叫做垢、什麼叫做淨，有沒有標準？骯髒和清淨是沒有標準的。

舉例說。喜歡吃小魚小蝦的人，把牠們放在油裡炸一炸後，醬油一沾，吃到嘴裡，覺得很好吃、好鮮美。儘管小魚小蝦的大便、小便還在身體裡，也覺得好香、好鮮。不喜歡吃的人呢？儘管你弄個小魚小蝦來，還說：

「這個很乾淨，我洗了又洗，沒有大便、小便、沒有腸胃，都是肉。」他也不吃。所以骯髒和乾淨的標準是很難說的。這就是虛妄的業識所招感的結果不一樣。

又例如，豬在豬圈裡生活，有的人覺得那裡既骯髒又臭，實在叫人看了不忍心，想要把牠放出來，讓牠到乾淨一點的地方生活。但是一旦換了地方，豬一定不安心，因為牠喜歡住在骯髒臭穢的地方。

過去，幾個捕魚的人來到一個地方，天晚了，沒有地方住，剛好有一間花店在路旁，於是就向花店的主人借宿一晚。睡覺時間到了，捕魚賣魚的這一班人翻來覆去，怎麼樣都睡不著。為什麼睡不著？花太香了。怎麼辦呢？明天還要趕路。有一個人就說：「這樣好了，把我們的魚簍子搬進來，我們聞到魚簍子的腥味就睡得著覺了。」果真，大家聞到魚腥味之後，全都睡著了。所以，垢淨是沒有標準的。這也說明了這個世間的善惡沒有標準：善惡是法，法非善惡。

空就是實相。實相是什麼樣子？是這個樣子。拳頭張開，變成五根指頭；五根指頭合起來，又成了一個拳頭；拳頭張開，又再變成五根指頭。

實相是本體，萬物依緣，依本體而起，也就是空相。

所以，我們如何認識自己的本來面貌？超越對待、超越善惡、超越有無、超越人我，就能找到本來面貌。

空相是「不增不減」。佛經有云：「在聖不增，在凡不減，心佛眾生，三無差別。」若有人說他修行成佛了？其實沒有佛可成的。《金剛經》裡也說，我過去於燃燈佛所，無法可得阿耨多羅三藐三菩提……假如有法可得阿耨多羅三藐三菩提，燃燈佛即不與我授記，作是言：「汝於來世，當得作佛，號釋迦牟尼。」

有法可得就是無得，無法可得才是有得。

那麼，我們得法要得什麼法？得無得的法！我們修行，要修無修的修！說話要說無說的說；得要得無得的得；證要證無證的證。我說我現在有好多的話要告訴你們，「多」是什麼？釋迦牟尼佛說：「我所說法如爪上泥。」佛陀所說的三藏十二部就只有指甲上的泥土這麼一點點；「我所未說的法如大地土」，佛陀沒有說的才多呢。所以，法，無限無量，怎麼

了；有所說，即為非說。

我們讀到《維摩經》，多少菩薩在那裡討論不二法門，最後就請問文殊菩薩：「什麼是不二法門？」文殊菩薩說：「無言、無說。」沒有語言，沒有言說，沒有文字；「無思、無始。」沒有思想，沒有開始。所以，離開語言、文字、思想、開始以外的那個狀態，就叫作「不二法門」。

文殊菩薩說完再問維摩居士：「維摩居士，大家都在這裡討論不二法門，請你老維摩也告訴大家什麼是不二法門。」維摩居士眼睛一閉，文殊菩薩稱讚道：「好啊，好啊！妙啊，妙啊！」什麼妙啊？無言勝有言，無說勝有說。最好的辯論是不辯論，最好的語言是心裡的語言、心裡的溝通，是心心相印，不是從這個耳朵進，那個耳朵出。

曾有一位很有名氣的藝術家，在佛光山叢林學院教授音樂，我請他為學生教授佛教梵唄、佛教歌曲。他在音樂方面的知識廣博，在課堂上，總是用最好的設備播放世界各國的古典音樂、熱門音樂給大家聽，他自己也聽得自我陶醉。後來就問同學：「你們說，那一節最美？那一節最好聽？」有一位同學說：「停下來的時候最好聽。」

沒有聲音最好聽。人在無聲的世界裡，要去感受人們善良的言語，這種無言的開示才是真開示。所以，實相是不增不減的，增減太多就不是真理了。

《楞嚴經》裡記載，有一個年輕貌美的小姐，叫做演若達多，喜歡照鏡子，欣賞自己的美貌。有一天她拿鏡子出來照的時候，忽然產生一個錯覺，自己的頭不見了，一著急，四處叫喊著：「我的頭呢？」自此開始，她神經錯亂了，常常在街上到處跟人家說：「我的頭呢？我的頭呢？」人家都說：「頭不是在妳的頭上嗎？妳怎麼還到處找頭呢？」「我沒有頭了，你們的頭給我，我沒有頭了！」就這樣，她到處流浪，到處跟人要頭。

有一天，一位佛教大德知道了她的情況，要度化她。她看到這一位大比丘，一樣問他：「我的頭呢、我的頭呢？還我的頭、還我的頭來！」那位大德比丘上前就給了她一個耳光。「你怎麼打我？」「我什麼時候打妳？」「你打我的頭。」「既然說我打妳的頭，那妳還跟我要頭做什麼？」「我有頭呀？我的頭在這裡嘛！」她這才恍然大悟，原來頭就在自己身上！她向人要頭，也沒有失去頭；她知道有頭，也沒有增加頭，就好比我們的本性沒有增減。

所謂「豎窮三際，橫遍十方」，人的佛性在時間裡是「豎窮三際」，在空間裡是「橫遍十方」。由於我們不懂自己的本性如恆河沙般無量，不懂自己的本性頂天立地，具有普遍性，那麼活在虛妄的世界裡，也就患得患失了。

學了《般若心經》之後，我們應該知道，我們的本來面目是「不生不滅、不垢不淨、不增不減，是故空中無色，無受想行識。」我們要知道空、真理之中，是無色受想行識，是無我的。

超越身心的限制

是故空中無色，無受想行識，無眼耳鼻舌身意，無色聲香味觸法；無眼界，乃至無意識界；

我們的真空、本性、本體裡，沒有色受想行識，不但沒有色受想行識，也「無眼耳鼻舌身意，無色聲香味觸法，無眼界乃至無意識界」。有人一聽，或許會心生害怕。為什麼？真空裡怎麼會「無眼、耳、鼻、舌、身、意」？其實，不是說真的無，不是斷滅的無，你若能在眼耳鼻舌身上，認識無眼耳鼻舌身，那個就是真我。

讀到《般若心經》裡的「無色受想行識，無眼耳鼻舌身意，無色聲香味觸法」我們先來理解這個「無」。

有一個沙彌才開始念《般若心經》，愈念愈懷疑，忍不住去請示師父。「師父，這是什麼？」「傻瓜，那個是眼睛。」

「這是什麼？」「耳朵。」

「這是什麼？」「鼻子。你今天怎麼儘問我這些奇怪的問題？眼耳鼻舌身是我們身體上的六根，你怎麼會不知道？」

沙彌說：「師父！《般若心經》裡跟我們說，無眼、無耳、無鼻、無舌、無身，你怎麼跟我說這是眼睛、這是耳朵、這是鼻子呢？」

為什麼《般若心經》要講「無眼耳鼻舌身意」？佛教講「依法不依人」，所以我們稱在家居士為「護法」，也就是說居士要護法。

佛法有所謂「四依止」：依法不依人，依智不依識，依義不依語，依了義不依不了義。

依止什麼，也是有標準的。我們要依法不依人。

古靈禪師登座說法，他說了幾句話，內容就是我們現在講的《般若心經》的般若智性。他說：「心性無染，本自圓成，但離妄緣，即如如佛。」

「心性無染」，我們的真心佛性、本來面貌是無價之寶，那是真我，不是五蘊的我。五蘊的我是假我，而真的我則是無染的。「本自圓成」，這個東西不是父母生的，父母可以生我們的人，但是不能生佛。先前說過，摩耶夫人可以生悉達多太子，但是不能生釋迦牟尼佛，釋迦如來是般若生的，般若是他的母親。父母生養了我們的身體，但不能生養我們的佛性，我們的佛性是本來就有的，不用父母生也會有。

為什麼我的真如佛性死不了？因為人的佛性是不死的，是永遠的。「但離妄緣，即如如佛」，只要你離開虛妄的妄緣，真如的佛性就會顯現出來。

等於一面鏡子，之所以照不出人的面貌，是因為鏡子上的灰塵太多了，如果你把灰塵去除了，鏡子的光就顯現出來了。不過，雖然灰塵把鏡子弄模糊了，照不出人的面目，但鏡子的光還是存在。

我們用水和波來理解煩惱和菩提。水的性本來是靜的，等同真如，風吹起，產生波浪，就是煩惱。煩惱是虛妄的，當煩惱停下來的時候，就如同水性，是平靜的，真如也就顯現出來了。所以這一首偈子也可以比喻，水的性本來是不動的，是寂靜的，只因無明的風妄動了，才生起波浪。當風一停下來，寂靜的水性也就出來了。我們也不一定要等到風平浪靜，才看到本性的寂靜。運用般若，觀照在生死苦海裡面流轉的人生，也會知道人的本性是寂靜的，法身不動。

諸法的本來面貌是什麼？人的本來面貌是什麼？宇宙人生的本來面貌是什麼樣子的呢？《般若心經》以「不生不滅、不垢不淨、不增不減」六個「不」來形容。所謂「不生不滅」是說明一切事物的個體存在不存在。生就是存在，滅就是不存在，那麼我們要問：「這個人生、世界、一切諸法，究竟是存不存在呢？」當然，《般若心經》裡已經回答我們「不生不滅」——沒有生也沒有死。

一切諸法的性質，是善、是惡？是清淨，還是垢穢呢？從性質方面來說，它不垢不淨。所以，不可用「淨穢」來形容諸法，法的空相是沒有生滅，沒有垢淨，在數量上也是沒有增減的。

說到我們的空相，我們的本來面貌「不生不滅」。例如，小孩子出生了，「恭喜恭喜，你生養了個兒子。」有人死了，「唉喲！死了真可惜！」

像這樣生了就歡喜，死了就悲傷，就是人的執著和愚痴。為什麼會死？因為生，生了才會死。那麼我們為什麼要等到人死了之後才悲傷呢？生的時候不就說明他一定會死了。生死等於唇齒相依，相連在一起。

其實，生未嘗生，死也未嘗死。看到東方的太陽升起，過了一會它又在西山落下了，可謂「夕陽無限好，只是近黃昏」。但是我們以為太陽落下去就沒有了？明天早上它又再升起了！所謂升起、落下，就等於人的生死，生了死，死了生，生生死死，死死生生，沒有停息。生也不足喜，死也不可悲，在這個空相裡面，沒有生死，沒有生滅。在這個世間，虛妄的假相才有生死，真實的般若智性沒有生死。

有一位老先生過八十歲生日，請了良寬上人到家裡接受供養，並請他誦經、祈禱、祝福。良寬上人一到，說：「老人家，你要我來替你祝壽、祈禱、祝福，我要請問你，你想要活多久呢？這樣我才好告訴菩薩。」

「一百歲。」「一百歲就夠了嗎？你今年不是八十了嗎？再二十年就要死了，太短了。」

老先生心想，這個良寬這麼慈悲，我再求二十歲，他卻說太少了。於是開口問：「師父啊！你看我應該求多少歲？」

「求無量壽嘛！這就不死了。」「那怎麼樣子才能不死呢？」

於是，良寬禪師說了兩句話：「結草成茅庵，離散歸原野。」

這兩句話很耐人尋味。「結草成茅庵」：把很多的茅草結合在一起，就能成就一間庵堂，好比把鋼筋、水泥合成，就能建造一間房子。「離散歸原野」：庵堂、房子壞去之後，這許多的茅草、泥土又歸到原野裡去了。

人是因緣和合而有，是眾多的因緣而成就我的存在。有人就有相，那麼四大離散了以後，也就還本歸元，有相歸無相。所以，在相上求是不能無量壽的，要經由修行、證道、開悟、證涅槃，才能得無量壽。證悟了涅槃，則死也不是死了。世間是有生死的，而悟到了出世間法，就沒有生死了，離散就能歸原。

人要求無量壽嗎？若要，那麼就要學佛。因為無論是在八十歲的時候，求能活到一百歲，或是在一百歲的時候，求活到二百歲，最後都要死。

要求無量壽，「阿彌陀佛」就是無量壽、無量光的意思。阿彌陀佛為什麼是無量壽呢？時間無限，他的生命與無限的時間同流。什麼是無量光？光明無量，他的生命流入光明遍照的空間裡。生命超越了時間、超越了空間，那就是阿彌陀佛，那就是我們的本來面貌，就是空相，是不生不死的。

傳說中，彭祖活了八百歲，就算是八百歲也要死。無論是十年、一百年、一千年、二千年或是二十世紀、三十世紀，在無限的時間裡，這都是石火電光、一彈指間，實在太有限了。所以現在我們研讀《般若心經》，最要注意的就是如何把有限的生命，流入無限的時空裡。在虛妄的相上去增加、計較，都是沒有結果的；要在實相、空相上去體會、體悟，那裡面才有不生不滅的生命，才有永恆的生命。

《般若心經》裡所說的空相，就是真空裡沒有眼耳鼻舌身意，沒有色聲香味觸法。

在佛教裡，眼耳鼻舌身意叫作「六根」，也有叫作「六識」，同樣的眼耳鼻舌身意為什麼又要叫作「根」，又要叫作「識」呢？

「根」等於現在醫學界所說的神經系統，眼根就是視神經，耳根就是聽覺神經。視覺、聽覺、味覺、嗅覺、觸覺神經，就叫做「六根」。識和根不一樣，識是心理作用，是意識作用，它有分辨的作用，是屬於心理的，不光是生理的。

我們知道，五蘊的「蘊」是積聚的意思。而五蘊又叫作「五蘊山」，五蘊如山，這座山裡面有很多的寶貝。「山」也有蓋覆、積聚的意思，因此，五蘊又稱作「五陰」，「陰」就是蓋覆的意思。五陰、五蘊的內容都是色受想行識。

根，有增長的意思。比方花怎麼會開？因為花有根；樹怎麼會成長？因為樹有根。識，是認識、了別。眼根生起了，馬上就經過眼識去分別。

色聲香味觸法叫作「六塵」，「塵」有染污、動搖的意思。好比空中好多的微塵，讓家裡布滿了塵埃，讓空氣遭受到污染。其實，在世間上，所謂色聲香味觸法，那一樣不是像灰塵一樣染污著我們的心呢？所以就叫作「六塵」。

根，是生理的作用；識，是心理的作用；塵，是物理的作用。所以，六根，講的是身體；六識，講的是心理；六塵，講的是物理。

六根是生理的，六識是心理的，六塵是物理的。

舉個例子說明六根、六塵、六識之間的關係。眼根同外面的塵境接觸了，例如，眼睛看到了花，那麼這當中一定還要有一個認識作用，才能辨別這是紅的花還是白的花。

有時候我們正在專心做事的時候，有人從旁邊經過，我們並不知道那是什麼人；有時候我們正在專注看書的時候，什麼人經過了，也沒有去注意。所謂聽而不聞，視而不見，為什麼？光是有根和塵的接觸，沒有起心識的分別，物我就不能產生一種認識和了知的作用。

六根和六塵擺在一起，叫作「十二處」。處，是一切法的分類，一切東西的分類，例如：這是眼根、耳根、舌根，那是色塵、香塵、味塵；這個是男眾，那個是女眾；這是橫樑，那是柱子；這是椅子，那是桌子。

有時候也把六根、六塵、六識合起來，叫作「十八界」。為什麼從六到十二，又再從十二到十八呢？界，就是一切種類的界限之意。每一個東西都有它的界限，這是木頭不是磚頭，這是桌子不是椅子，它都有個界限。六根、六塵、六識彼此是有界限的，不可混為一談。

「無眼耳鼻舌身意」，沒有眼耳鼻舌身意的六根，也沒有眼耳鼻舌身意的六識。有人說：「我們明明不是有眼睛嗎？這不是耳朵嗎？這不是鼻子嗎？怎麼會說沒有呢？」我們要知道，佛教講空，不是把它破壞了以後才講空，在「有」的當下，就知道它的本體是「空」。有，是差別、分別的意思，分別心所接觸的六塵境界，是不真實的。

怎麼叫作「無眼界」？夜晚時分，小孩子朝天空一看，歡喜地告訴爸爸、媽媽：「你看，月亮走得好快喔！」大家用一般的常識來想一想，真是月亮走的很快嗎？不是，是雲彩在那裡飛行，可是小孩並沒有想到那是雲彩在飛行，只看月亮走很快。有時候，邊走邊看，「奇怪！月亮怎麼走得這麼快？」「月亮怎麼還在這個地方呢？」這表示，即使是親眼看到，也是靠不住的。

看一條路，路的這一頭好寬，再往遠處看去，路就變得狹小。同樣一條路，會有寬度不一的情況嗎？不會，那是因為眼睛的錯覺。我們喝茶的時候，假如將筷子放在水裡面不斷攪拌，就會發現，當水還沒有完全靜止時，看上去，筷子是彎曲的。難道筷子真的是彎曲的嗎？不是。可見眼睛所見是會錯誤的。

親眼看的靠不住，親耳聽的也靠不住。有人在隔壁唱歌，如果是他最討厭的人唱的，「討厭！哪一個人唱歌唱得這麼大聲？」如果是他最喜歡的人唱的，「喔！不錯、不錯，好聽、好聽。」剛才說討厭，現在卻說好聽，可見他心意識的感受並沒有標準，而是隨著自己的情感在變化。這裡面哪有一個真理呢？

有時候我們看太陽，眼睛閉起來，金星撩亂，其實哪裡有金星呢？沒有。所以眼識所緣的外境，眼識所緣的色塵，所謂眼觀色，色就是長短方圓、青黃藍白，都是靠不住的。又例如患有色盲的人，有時候把黃顏色當作白顏色，把紅顏色當作黑顏色。所以，眼睛認識的色，並不是絕對真的。

在《般若心經》裡講：「諸法空相，不生不滅、不垢不淨、不增不滅……無眼耳鼻舌身意。」我們依此類推，眼耳鼻舌身意都是如此。又例如，舌頭的感受有什麼標準嗎？有人覺得辣椒愈辣愈好，「好辣，痛快！」不吃辣椒的人，才吃到一點點，「唉呀！真是辣得不得了。」甚至眼淚、鼻涕都流下來了。所以，味覺也沒有一個標準。

有的人，雙方一見鍾情，歡喜得不得了，但是把這個人介紹給另一個人，他卻是討厭的不得了，連看都不要看。所以大家的看法都是不一樣的。因為沒有真實，沒有標準，沒有一定，所以無眼耳鼻舌身意，無色聲香味觸法，沒有六根，沒有六塵。

「六根」是我們「主觀的感受」，「六塵」就是「客觀的境界」。主觀和客觀，在佛教裡面有時候就用「能、所」來說明，能看的眼睛，所看的境界；能聽的耳朵，所聽的聲音；能嘗的舌頭，所嘗的味道。主觀和客觀交會了，結果並沒有標準。能見的眼睛、能聽的耳朵，和所接觸的外境、聲音，都沒有標準。所以《般若心經》告訴我們：這些都是靠不住的。

有人說：「我們要靠自己！」有時候那是對的，不過你若是靠錯誤的自己，靠不正確的自己，就不行了。

沒有煩惱的人生

無無明，亦無無明盡，乃至無老死，亦無老死盡；

接下來再講經典裡說的無十二因緣、無四聖諦。

「十二因緣」或「四聖諦」是佛教根本的教義。先前提到的六根、六塵、十二處、十八界還是名相上的分類，而十二因緣是講人生死的程序：人生怎麼從過去到現在，怎麼從現在到未來；也就是講十二因緣的關係。

十二因緣是：無明緣行，行緣識，識緣名色，名色緣六入，六入緣觸，觸緣受，受緣愛，愛緣取，取緣有，有緣生，生緣老死，我們人生從過去到未來，就是這十二種程序的關係。

我們從何而來？當然一定有個過去的因，不會從天上忽然掉下來。如果我們沒有自己生命的本體，父母也不會生養我們。人生從哪裡來？無明和行就是這個過去的因。有了過去的因，接著就有現在的果，這個果就是識、名色、六入、觸、受和愛。有了愛、取、有，我要愛、我要擁有、我執取，那麼就又造下現在的因，然後再感未來生、老死的果報。

「無明」是個什麼東西？無明就是「不明白」。真如佛性是明白的，是覺悟的，是出世間的。世間上的生命被覆蓋著，沒有起作用，起作用的是無明。有時候，佛教把無明和真如說成是一個，生死就是涅槃，無明就是真如。有人會困惑：「這個太矛盾了，不是說了生死、了生死，怎麼又說生死就是涅槃？不是說離無明、離無明，怎麼又說無明就是真如？生死怎麼會變為涅槃，無明怎麼會變為真如？」

舉例來說，剛採下來的鳳梨，吃在嘴裡好酸、好澀。把它放著，經過風吹日曬，幾天之後再來吃，就變甜了。這個甜是從哪裡來的？就是從原本又酸、又澀的鳳梨，經過和風麗日的洗禮之後，才變甜的。

無明經過修行，就成為真如、成為佛性，所以，無明是生命的本體，是生死的根本。若到了覺悟不生不死的境界，就是涅槃真如做本體了。

涅槃真如是天上生的，還是地上長的？是父母生的，還是諸佛菩薩給我的？都不是，是從最初的無明而來。《大乘起信論》講「一心開二門」，也就是一個心分成兩條路，一個叫作「真如門」，一個叫作「生滅門」。真如和生滅是不二的，也就是空和有是不二的。

覺悟的真如在這個地方，不覺悟的無明在那個地方，本來是兩面的，而我們凡夫眾生卻避開真如、避開覺悟，所謂「背覺合塵」，一直往無明的路上走，這就叫作生滅門，也就是生死流轉門。

十二因緣，因為無明而行，而生死流轉。從無明一直到老死，老死了又再無明，無明又再老死，從過去到現在、從現在到未來，未來又成為過去，永遠都是一個環型的狀態，也就永遠不得解脫。

要想從流轉回歸還滅，就要從無明說起。所謂「無明」，生命一念不覺，就有生死人我，就有了差別世界。「行」是什麼呢？行是行業，我們常講一句話，「唉呀！我前世不知道造了什麼業？」這個業就是行為，行為決定一切。世間上的苦和樂，真實說來，都不是別人可以給我們的，都是自己的行為決定自己的一切。

經典裡有這麼一個故事。爸爸對公主說：「妳應該感謝有我這麼一個國王爸爸，穿得好，吃得好，無憂無慮。沒有我這個爸爸，妳怎麼會有這樣的辦法？」

公主說道：「爸爸，不是你的關係，現在我這麼幸福、這麼快樂是我的關係，是我的福德因緣。」這個專制的父王一聽，很生氣，「妳講這樣忤逆我的話，好！我就看看妳有多大的福氣！」就叫大臣找來一個乞丐，強迫她嫁給一個乞丐，「讓妳去享受富貴榮華吧！」

這個公主叫作善光公主，她嫁給了乞丐之後，一點都不難過，也不傷心，因為在她的思想裡，一直有著「自己會有辦法的」想法。她對乞丐丈夫說：「夫君，你怎麼會流落到做乞丐的地步呢？」丈夫說：「我還小的時候，家裡萬貫家財，但是一把無情火來，把房子都燒掉了，家人都死光了。我那時候年紀小，沒有其他能力，只有出來討飯。」一個討飯的人，還有什麼辦法來復興家業呢？

公主一聽，「你本來不是窮人家的小孩，那麼家裡的房子燒了之後，土地還在吧！在哪裡？」「土地有什麼用？都是斷瓦殘垣，都是破瓦片、破磚頭。」她說：「沒有關係，你帶我去看一看，我們可以把地犁一犁，種種葡萄，或種種什麼東西。」回家之後，兩人努力地犁地，不犁則已，一犁犁出他父母過去埋藏的黃金、珍珠、寶貝，一下子就發財了，沒有多久，高樓大廈又在原地興建起來了。國王得知此事，心想：「真的是如佛陀所講的，人的罪業要自己承擔，福德也是自己享受。」你有多少福德因緣存在銀行裡，它都會讓你自由取用。

什麼銀行？就是我們的堅牢庫，我們的功德寶藏。不過，若浪費功德，老是透支，寶藏用完了，就要貧窮了。所謂「行」業，自己造作的業，就要自作自受。幸福也是我們自己創造的，苦痛也是我們自己招感的，所以自己對個人的苦樂要負最大的責任。從無明而行業，行業有善惡，然後就有「識」，這個識就是佛教唯識家所講的「第八識」，就是我們生命所依的阿賴耶識，又叫作藏識，一切的善惡都在裡面，所有行為造下的好與不好，都藏在第八識裡面。第八識遇到父母的緣份，就投胎去了，這個生命的識、靈魂就要去投胎了。投胎到母胎裡面，就叫作「名色」，名是精神，色是物質。父精母血一和合，生命一接觸，精神和物質就連在一起了。色，就是物質，也就是人的肉體，名就是精神，就是受想行識，兩者和合之後，哇哇墜地，就有了眼耳鼻舌身意「六入」。「六入」又叫作六根。

讀《金剛經》的人都知道，眼耳鼻舌身意，不入色聲香味觸法。倘若入色聲香味觸法，也就是我們的眼耳鼻舌身意去攀緣外在的色聲香味觸法。六入，就是眼耳鼻舌身意六根，專門和外面的六塵境界打交道。所以六入一和六塵打交道，我們每天就要忙起來了。

眼睛要看，耳朵要聽，鼻子要聞，舌頭要嘗，身體要感觸，一天就忙起來了。六入一忙起來，就要去感觸。眼睛接觸色，耳朵接觸聲音，有了接觸，就有感受，感受到快樂，感受到很美，感受到很歡喜。

無明和行是過去的因，識、名色、六入、觸、受就是現在的果。我們由於過去的無明和行，就有了現在的識、名色、六入、觸、受的結果，也就是我們現在的人生。我們現在的人生又再製造未來的因緣。製造什麼未來的因緣？我「愛」。我愛什麼？有的人愛名，為了愛名，又造作了多少善惡業；有的人為了名而做好事，有的人為了名而做壞事。愛什麼？愛人、愛金錢、愛感情。感情，有時候讓我們成就功德善業，有時候卻讓我們造下罪業。所以感情不一定是好，也不一定是不好。感情用到好的地方就是好，用到壞的地方就是壞；感情用到好的地方，感情就不是罪惡，不過用得不當，就會製造人間的糾紛。

由愛而「取」、而執著。執著什麼？執著我愛的人、我愛的房屋、我愛的花朵、我愛的衣服、我愛的學位、我愛的名、我愛的權力，心中吶喊：「這是我的，你們都不可以動！」

執取以後就成為「有」，有也是業。把這許多善惡業統統集合在一起，就成為「有」，有了善惡業的因，又要再招感未來的生、老死。死了以後，又再從無明來起，過去、現在、未來，未來、過去、現在，就這樣不斷的流轉。大海裡的水洶洶地流著，一江春水向東流，流到哪裡去了？它會再流回頭的。不回頭哪裡能維持那麼多的水呢？

這十二種叫作「緣」，「無明」緣「行」，「行」緣「識」，「識」緣「名色」，「名色」緣「六入」，一個接一個，像接力賽一樣的接棒。又例如我們平常燒柴火，一根木柴燒完，再換一根，一根木柴燒完，再換一根……如是燒了幾十根，火還是原來的火。這把火，就如同是生命之火，生命之火藉由木柴，一根一根的燃燒下去。雖然一根一根的木柴有所不同，但是生命的火卻沒有不同，一直延燒下去。

我們的生命一世又一世的輪轉不已，形體總是不一樣。不過儘管變成張三、叫做李四，身體的薪柴不一樣，生命的火卻是一樣的。生命在「緣」裡面，六入緣觸，觸緣受，受緣愛，愛緣取，取緣有，有緣生，生緣老死，這就是生死流轉。所以，生命的現象，是從過去到現在，現在到未來。人生的因緣，主體為因，加上緣，就有結果，即所謂因、緣、果。如果我們不要流轉，不要生死，不要輪迴，有沒有辦法？當然有！佛教提出念佛、參禪，種種的修行方法，主要就是要「了生脫死」。

我們讀《般若心經》，主要是為了要有般若，證悟般若智慧，超越對待、超越有無、超越生死之外，去認識自己生命的實相，去認識自己的本來面貌。

什麼是本來面貌？可叫做般若、真如、佛性、法身、實相……，名稱儘管很多，可是意義卻只有一個。它只是從多種方面來解釋我們的本來面貌。等到我們把自己的主人翁認識了，找到自己的老家了，也就認識自己了。當認識了自己的真如般若的時候，煩惱無明也就打破了，無明一滅則行滅，行滅則識滅，識滅則名色滅，接著六入滅、觸滅、愛滅、取滅、有滅、生滅、老死滅。老死沒有了，煩惱沒有了，還滅了，人就解脫了，就回歸我們的本來面貌，回到我們的老家了。

佛教的根本道理怎麼講？就是一個圓。從什麼地方開始不知道，從什麼地方結束也不知道，好比時鐘滴滴答答走不完，從一點到五點、到八點、九點、十點、十一點、十二點，又從一點、二點、三點……到十二點。我們的人生就是這樣，在生死的圓圈子裡轉來轉去。無明是無始有終，我們的真如佛性是無始無終。我們的本來面貌、我們的生命究竟從哪裡來？無始以來就有。那麼，生命到什麼時候才會結束？沒有結束，它就如同時鐘的循環，沒有開始也沒有結束。

無明從無始以來就和真如佛性在一起，有真如佛性就有無明。等於一面光明的鏡子沾染了灰塵。但是無明有終，無明煩惱是能去除的，它可以從圓圈子跳出，超越圓圈，跳出三界，超出因緣果的範圍。

假如有人問，你從哪裡來？我是爸爸媽媽生養下來的；你爸爸媽媽從哪裡來？他們是從祖父母來的；祖父母從哪裡來？曾祖父母；曾祖父母從哪裡來？高祖父母。往上推，八十代、九十代、一百多代。究竟你是從哪裡來的？生物學家講，人是從細胞組織而來的。那麼，細胞從哪裡來的？這就不知道了。不管科學家創造什麼東西，就是不能創造生命。除了細胞，一定還要有其他的東西組合，才會有生命。

所謂真理，人生從哪裡來？就是無明緣行，行緣識，識緣名色，名色緣六入……生、老死，又再無明緣行，行緣識……，像時辰鐘一樣輪迴不已。人生在六道輪迴裡走來走去，永遠走不完，哪裡是開始、哪裡是結束都不能知道。

我們現在來畫一個圓圈，在圓圈的中間畫一個人，旁邊寫個生老病死。人生了就會老，老了又得病，病了又死，死了又生，生了又老……生老病死是沒有結束的。人沒有結束，心也是一樣，心就是念頭，一個念頭升起，停了一下，又再換另一個念頭。第二個念頭升起，馬上又沒有了，又再開始了另外一個念頭，如是生、住、異、滅。

我們觀照自己的心是不是這樣的情況？前念升起，我想到我喜歡的人，那麼才想到那個人，後面一念又升起，那個人有對不起我的地方。老是想到這些苦惱事，即使不想他，他的影子還是會在腦筋裡出現。這顆心就是這樣生住異滅，一天到晚轉來轉去。

心如猿猴，雖然你想用繩子把它扣住，可是它還是在那裡蹦跳，一刻都不休息。我們說修行，就是要用佛法的鍊子來扣住這顆妄動的心。在每日的訓練下，一天一天把鍊子剪短，今天剪短一寸，明天剪短兩寸，剪到最後，不需要鍊子了，它也不再跳動了，心就降伏了。降伏了以後，不用鍊子它也不跑了。如何降伏其心？就是用這條鐵鍊子來訓練！如同耍猴把戲般，我們把自己的心當成猴子，耍自己的把戲。

不只心在一個圓圈裡，物也一樣。物是什麼？物就是成住壞空。桌子、講台，用了三年、五年，十年，就是用了一百年、兩百年，總有一天會壞去。壞去了、沒有了不是空，不是沒有，「空即是色」，它又會再造成。

「有」不執著了，卻執著一個「空」，也很危險。例如有人說：「既然是四大皆空，算了吧！我不要老婆了；反正一切都是空的，我也不要兒子了，管他去！一切都是空的，我也不要功名富貴了；身體是空的，我也不要了，就死了吧。」這不是很可怕嗎？佛說，如果眾生執著有，有辦法救度他們，教育他們；如果眾生執著空，就沒有辦法教，沒有辦法度了。

有不少的佛教徒為了表示持戒，要到山裡面去住茅棚；為了表示苦修，他要穿破爛的衣服。在家信徒也往往歡喜這樣的出家人，「他在閉關，真了不起！」「他不吃飯，只吃水果！」「他不吃飯，只有喝水。」不吃飯，只吃水果？那麼山裡面的猴子不也只吃水果嗎？牠們跳啊、蹦啊，精神還是那麼好。不吃飯，只吃水？水裡面的魚不也是天天都吃水，你看！牠們的活動力這麼強。

有人以為不吃飯就是修行，穿破爛衣服就是修行，住到山裡就是修行，閉關就是修行，這倒不一定。自私自利，對佛法沒有信心，對一切眾生沒有大慈悲、大智慧、大般若，我們就不能認定他是一個修行的人。

再看佛陀，他吃飯穿衣都是佛法，行住坐臥都是佛法。《金剛經》裡說：「**爾時，世尊食時，著衣持缽，入舍衛大城乞食，於其城中次第乞已，還至本處，飯食訖，收衣缽，洗足已，敷座而坐。**」或許有的人會起了懷疑，堂堂偉大的《金剛經》，可惜一開始就是講吃飯、穿衣、走路、洗腳等無聊的日常瑣事。他並沒有想到其實這就是佛法。

「食時著衣持鉢」，是持戒；「入舍衛大城乞食」是布施，到了吃飯的時候，要出去講說佛法，不講說佛法，就沒有人供養；「次第乞已」，是忍辱，次第托鉢，儘管所乞得的食物粗劣，也要忍耐；飯食訖，要「收衣鉢」，還要「洗足已」，是精進；「敷座而坐」，是禪定。有了布施、持戒、忍辱、精進，禪定，就是般若。

所以，佛陀穿衣吃飯都是般若，都是六度，都在修行。生活裡就有般若，生活就是修行，要想離開生活，離開眾生，自己一個人去修行，是不可能的。慈航法師有兩句話說得很好，「只要一人未度，切莫自己逃了」，亦即只要還有一個人沒有得度，就不要自己逃走了。

把十二因緣歸納起來，就是三個字：惑、業、苦。起惑，眾生因為煩惱，怨天尤人，而造作種種惡業；身心造了業，就要受苦；受了苦就更是煩惱，又再起惑。我們眾生就是這樣不斷地在惑業苦裡輪迴。假如惑滅了，也就不造業了；不造業，也就不受苦了；不受苦，也就沒有煩惱了。

所以，《般若心經》講「無無明」，空裡面沒有無明，就等於說鳳梨裡沒有酸、沒有澀、沒有苦，為什麼？因為它將來會甜；我們人沒有無明，因為無明會結束。「亦無無明盡」，也沒有了脫無明。為什麼呢？無明本來就不是真我。所謂「不增不減」，空不是說先有了一個東西，我們再來空掉它，也不是說先有後空。我們要知道空和有是「不異」、「相即」，是不離的。所以我剛才說，寧可以不懂佛法、不懂空，而執著「有」，也不可以生空見。

佛經有這樣兩句話：「寧可起有見如妙高山，不可起空見如芥子許」。寧可以起「有」的見解，有房子、有你、有人、有三寶、有天堂、有地獄、有妻子、有兒女、有功名富貴。「有見」就是如妙高山也不要怕，怕就怕我們起了空見、偏執於空見，即使只如芥子許，也很糟糕。為什麼？因為我們離開了「有」談「空」，就是頑空、斷滅空。

「但願空諸所有，慎勿實諸所無」。我們體會空的什麼呢？是空的有，空和有是一起的，不要把思想境界搬挪到斷滅的無裡面去，那就危險了。

「真空」才得「妙有」

無苦集滅道，無智亦無得，

「苦集滅道」是佛法的綱要，它說明了整個人生的次第，在佛法裡叫作「四聖諦」——四種真理。第一是苦，第二是集，第三是滅、第四是道。

苦，我和人的苦、我和物的苦、我和欲的苦、我和感情的苦種種，苦的類別很多。「苦」是現在我們正在受的苦。它的原因在哪裡？就是集。苦是果，集是因，這是世間因果。那麼，如果我們要學習佛法呢？修「道」是因，證「滅」，證到不生不滅，滅度生老病死，那就是果。道是因，滅是果，這是出世的因果。

當初佛陀第一次向人間宣布真理，就是講說苦集滅道，也就是佛法的大綱。無論小乘佛法或大乘佛法，都是從苦集滅道引開來，而有三藏十二部經典。

當初佛陀三轉四聖諦法輪。什麼叫作「三轉法輪」呢？第一次轉法輪叫作「示相轉」，第二次轉法輪是「勸修轉」，第三次轉法輪是「作證轉」。佛陀是偉大的教育家，他說法的巧妙真是妙不可言！

第一次講苦諦。初轉法輪時，佛陀講說苦集滅道的苦是：「此是苦，逼迫性」。苦的定義是什麼？能逼迫身心者是苦。二轉的時候講的苦是：「此是苦，汝應知」，就是勸修。第三轉的時候講苦：「此是苦，我已知」，我佛陀之所以成佛，是因為我已經知道苦。

第二次講集諦。初轉時說：「此是集，招感性」。集，能招感善惡一切，如同吸鐵石一般，把好與不好的東西都吸過來了。我們的第八識就叫作藏識，如同倉庫一樣，無論好的、壞的，統統都把它藏到裡面去了。業集招感而來，等到將來因緣際會時就受生了。二轉時說：「此是集，汝應斷」。集是煩惱、是業障，你們應該斷。三轉時講：「此是集，我已斷。」

第三次講到滅諦。怎麼三轉呢？首先是：「此是滅，可證性」，寂滅、真如、涅槃，是可以證悟得道的。第二轉是勸修：「此是滅，汝應證」，這麼美好的世界，美好的境界，你們應該要去證悟；第三轉是「此是滅，吾已證」，滅了生死、滅了煩惱的世界是什麼，我都已經證得了。

第四次講道諦。首先說：「此是道，可修性」，道是可以修，可以證的。所謂「八正道」，正見、正思維、正語、正業、正命、正精進、正念、正定，是可以修的；「六波羅蜜」是道，「四攝法」是道，都是可以修的。第二轉說：「此是道，汝應修」，這個道大家都要修。道等於火車的軌道，火車在軌道上行走，就不會危險。道等於國道高速公路，你能依著交通規則在高速公路上行駛，就會很安全。第三轉說：「此是道，我已修」，這些道，釋加牟尼佛都已經修過了。

所謂「三轉十二法輪」，佛陀的教育法一點都不帶神奇怪異，其中有程序、有歸類、有法則。

「此是苦，逼迫性；此是集，招感性；此是滅，可證性；此是道，可修性」，這是示相轉；「此是苦，汝應修；此是集，汝應斷；此是滅，汝應證；此是道，汝應修」，這是勸修轉；「此是苦，我已知；此是集，我已斷；此是滅，我已證；此是道，我已修」，這是作證轉。

學佛能有這樣的認識，能依這樣子的程序，就不會錯了。

我們平常講修行，有苦集滅道、有十二因緣，但是在絕對的真理、般若裡，沒有苦集滅道，沒有十二因緣，真空裡不會有一點雜質。

唐朝的李翺李文公問藥山禪師，「請問禪師，什麼是戒定慧？」藥山禪師說：「我這裡沒有這許多閒家具，我這裡沒有戒定慧。」為什麼？「因為一有了戒，就要戒除什麼；一有了定，就要安定多少的雜亂、散漫；一有了慧，就要作好多好多的解釋。戒定慧很麻煩，我這裡沒有這許多東西。」他真沒有嗎？有，有般若。般若裡面，煩惱不可有，涅槃也不可有。

或許我們會覺得很糊塗，怎麼煩惱要去除，菩提也要去除？有固然不可以執著，空也不可以執著？我想起幾句很妙的話，「烏雲可以遮蔽天空，白雲一樣的可以遮蔽天空，煩惱的烏雲可以遮蔽我們的佛性，菩提的白雲一樣可以遮蔽我們的佛性，你以為沒有煩惱，有個菩提就好了嗎？那個菩提也不是真菩提。」我再用兩句話說明，「鐵鍊可以鎖住你，讓你不能自由，金鍊子也可以鎖住你，讓你不能自由。」鐵鍊子可以鎖住你，金鍊子一樣可以鎖住你，煩惱的鐵鍊，無明的鐵鍊子，把我們束縛得緊緊的，那麼菩提的金鍊子就不能把我們束縛起來嗎？

讀到《般若心經》的「無無明，亦無無明盡……無苦集滅道，無智亦無得」。這個「無智」，智是什麼？智是般若，而空是連般若都不可以講的。「亦無得」，說有佛果可證、有佛果可得，也不行。「無智亦無得」，是從否定上來看空，這個不是、那個不是。其實「無智亦無得」就如人家講的「大智若愚」，不要以為無智就是沒有智慧，無智就是真智，無得才是真得。我們的智慧是無分別的智慧，我們的得是無得的得，不要以為無智無得不好，無智無得的境界好得不得了。

有一天，眼睛、眉毛、鼻子、嘴巴在開鬥爭大會。

先是眼睛提出抗議，「我們所在的這個人體不公平，我眼睛最有用，如果我不看的話，什麼東西都不能認識，連路在哪裡都不知道。眼睛是靈魂之窗，卻偏要在那個沒有用的眉毛下面，我不服氣！」

鼻子也說了：「不要說你不服氣，我更不服氣，人的身體上，鼻子最有用，我負責呼吸，我一不呼吸，大家就死翹翹了。但是偏偏這麼有用的鼻子擺在下面，沒有用的眉毛擺在上面，我也不服氣！」

嘴巴聽到了以後，鼓起如簧之舌，大聲地叫道：「我才是覺得最不公平、最不服氣的，我負責說話，不說話，你們什麼都不懂；我負責吃飯，不吃飯，大家都活不了，偏偏這麼有用的嘴卻擺在這麼下面！」

就這樣你攻擊來，他攻擊去，最後眉毛實在招架不住了，就說：「各位不要吵，不要叫了，我願意到你們下面來。」

好了！現在眉毛移到了眼睛的下面。眼睛一看，「這不像人！」移到鼻子的下面，「又不像人！」再到嘴的下面來，「更不像人！」怎麼辦？大家議論紛紛：「沒有用的眉毛放在上面才像個人，我們還是請它上去吧！」所以，你看它沒有用，實際上它還是有大用，因為有它在這個地方才像個人。你以為無用的，它有大用；你以為無得的，無得裡面的世界妙的不得了。

前面提到真空實相裡「無眼耳鼻舌身意，無色聲香味觸法，無眼界乃至無意識界」，就是無十八界、無十二處；「無無明，亦無無明盡，乃至無老死，亦無老死盡，無苦集滅道」，就是無十二因緣、無四聖諦。看起來，《般若心經》是在否定佛法所說的十八界、十二處、十二因緣、四聖諦。例如《佛遺教經》裡說，佛陀講的四聖諦是不變的真理，「日可令冷，月可令熱」，然而佛說的四諦永遠不變。但是現在這一個不變的真理，在《般若心經》裡卻不能讓它存在，要無，所謂「無苦集滅道」，唯有「無」才能與真理契合。

無論唯識家講「心」：「三界唯心，萬法唯識」；或是般若家講「空」：這個沒有、那個沒有；它都不是否定現實的存在，也不破壞現實的存在，而是另外建立「有」：說有空、有唯心、有唯識。它在「有」的上面講「空」，在「無」的裡面講「空」，在有無之間講「空」。

《般若心經》非常重要、關鍵的一句話，叫作「無智亦無得」。般若不但要無苦集滅道，連般若智、真空都不准說，因為動念即非，一說出來就不是般若了，一說出來就不是禪了。禪是參悟，如人飲水，冷暖自知；

般若的空也是如此，空一旦說出來就不是空了，空是完全實證的境界。

「無」最快樂

以無所得故，菩提薩埵，依般若波羅蜜多故，心無罣礙，

「無智亦無得」之後，接著「以無所得故，菩提薩埵」。這句經文很重要，意思是說，我們在談「無眼耳鼻舌身意」，無分別；「無色聲香味觸法」，無動亂的六塵；「無眼界乃至無意識界」，沒有這麼多分別；無十二因緣，沒有過去、現來、未來；「無苦集滅道」，沒有這許多因果關係。「無智亦無得」是這也無、那也無，無到最後，以這個「無所得」而有「菩提薩埵」。

「菩提薩埵」是什麼？就是菩薩道。要怎麼成為菩薩呢？要以無所得才能到達菩薩道。

有的人會說：「最初說無這樣、無那樣，讓我們都感到很害怕，原來無到最後並沒有無，還有個菩提薩埵！」山窮水盡疑無路，柳暗花明又一

村。《般若心經》給人走到山窮水盡的時候，興致都沒有之時，忽然一個轉身，柳暗花明！那個柳暗花明是一個新的人生的開始，「以無所得」開啟了一個菩薩道的人生。

這個「無」很好，有心栽花花不開，無意插柳柳成蔭，你有心做什麼事，有意做什麼事反而不能成功，你無心無意，就能成功了。意思就是有相、有對待、有執著、有人我，就與真理不相應；無相的、無我的、無對待的，與真理就相應了。

有一對新婚夫妻，二人感情很好，丈夫在兵工廠服務。有一天丈夫在下雪的冬天抱回來一隻小狗，跟太太說：「小狗在雪地裡快要冷死了，我們可憐牠，就收養牠吧。」為牠取個什麼名字呢？「從雪地裡抱回來的，就叫『雪來』好了。」

雪來漸漸長大了，先生每天下班，坐火車回家，一下火車，雪來一定在火車站等候主人。

有一天半夜，雪來的叫聲很急。這個丈夫在兵工廠工作，擁有手槍，於是拿了一枝手槍作預備，察看是否有壞人，後來發現原來是一個小偷來到家裡。這個小偷看到他手裡有槍，趕緊下跪，說：「先生請慈悲，我是第一次偷竊。我的老母親生病，我們家裡很窮，不得辦法，只好出此下策偷你的東西。」

夫婦兩人給他這麼一講，不但不怪他，還生起了同情心，拿了家裡能吃的奶粉、雞蛋，並且拿了一點錢給他，說道：「你去做小生意，不要做小偷。」這個小偷以為這下要犯罪坐牢了，想不到這家男女主人對他這麼好，於是千恩萬謝的走了。事情過去之後，兩夫妻也沒再把它掛在心上。

後來兵工廠發生爆炸，男主人殉職了，太太沒有了丈夫，很傷心，以後怎麼辦呢？好多人都叫她改嫁，她卻不肯。後來，她到了一所學校去教書。一年、兩年、三年過去了，狗子雪來仍然每天到火車站接主人丈夫回家，當然是接不到人了，因此，牠總是歡喜的去，失望的回來，多少年都是如此。後來大家就替這個狗子改了名字，叫作「標準鐘」，因為牠每天到了下午五點，就會出現在火車站。

這個太太最初還沒有到學校教書的時候，生活很艱難，雖然親戚朋友給予救濟，但總也救濟不了那麼長的時間。正當困難的時候，來了一個鄉下人，牽了頭羊，挑了多少菜和雞鴨來給她，說道：「太太，多少年前到妳家裡來偷東西的就是我，我想到先生和太太對我這麼好，我後來也做了小生意，現在家裡經濟很好，想到這都是你們賜給我的，所以特地到這裡道謝。這是我在鄉下種的菜，羊、雞也都是我自己養的，送給妳！」這個太太想，我現在無依無靠，多少的親戚朋友周濟我，最後都為難了，今天意外地得到這麼一個人來幫助我，就收下來吧。

後來這個鄉下人知道她的丈夫去世了，經常會送來糧食、蔬菜。經過了多少年後，這個太太想，過去我們幫了多少人的忙，但是現在那些人都不睬我們了，這一個小偷，是我們無意之間幫了一點小忙的，他現在卻回報起來。真是有心栽花花不開，無意插柳柳成蔭，沒有希望他回報的，反而給予這麼大的報答。

說到布施，《般若心經》是繼承《金剛經》的思想而來的。《金剛經》裡有三十二分，主要的宗旨就是「布施無相、度生無我、生活無住、修行無得」這十六個字。怎麼布施？要無相布施；怎麼度生？要無我度生；怎麼生活？要無住生活；怎麼修行？要無得而證。

無，各位想一想，無是什麼？無是無限、無量、無邊、無上。佛教徒唱的〈回向偈〉裡有：「眾生無邊誓願度、煩惱無盡誓願斷、法門無量誓學、佛道無上誓願成」這一段，也都是用「無」來形容的。我們常常鼓勵一些信了佛、但是發心還不究竟、不真實的人發「四弘誓願」，也就是四種大志願，度眾生、斷煩惱、修法門、成佛道。

人生勇猛精進，亦應如此。

舍利弗尊者是一個小乘的聖者，有一次發菩薩心，要「菩提薩埵」。怎麼「菩提薩埵」？要無相、無我、無住、無修，才叫作「菩薩」。既然舍利弗發了菩提心，當然就要行菩薩道。

有一個天人為了試驗他，變化為一個青年，在路邊哭泣。舍利弗一來，問道：「你在哭什麼啊？」「我不要跟你講，你是幫不上忙的。」「我是一個修行人，專門解救人的苦難，你在哭，一定是心裡有苦。我是一個發菩提心，發願要菩提薩埵的人，你跟我說吧！」「我真實地告訴你，我的媽媽有病，醫生說她的病沒有辦法醫好，必須用一個有修行的人的眼睛做藥引給她吃，才能恢復健康。」

舍利弗一聽，「很好，我就是修行的人，我願意布施你一個眼睛，你不要再哭了。」那個青年人說：「那怎麼行呢？我拿你一個眼睛，我是要犯傷害罪的，你要給我就自己給我吧！」於是舍利弗用力地挖下了一個眼珠送給他。

那個青年又說：「醫生說，右邊的眼睛吃了沒有用，要左邊的眼睛才有效。」舍利弗這一聽，心想：「糟糕了，把個右眼布施給你，至少我還有左眼看得到，哎！我剛才怎麼沒有先問一聲，你是要右眼，還是要左眼呢？只能怪自己粗心了。算了，發了菩薩心，要菩提薩埵，一切都要無我、無相、無人，以無才能菩提薩埵。」

「好，左邊眼睛你再拿去吧！」那個青年人拿了眼睛，不但不感謝，放在鼻子上聞過之後，立刻就朝地上一摜，還用腳去踐踏。

他說：「你這是什麼有修行的人，你的眼睛好腥、好臭喔，這怎麼能給我的媽媽吃呢？」舍利弗的眼睛雖然已經看不到，但是耳朵還聽得到。他心裡想：「哼！你這個傢伙，要眼睛，到哪裡去才要得到啊？竟還要有修行的人的眼睛。給你右眼，你說不對，要求左眼；左眼給你了，你又嫌臭，這許多眾生真是難度，簡直不知好歹！算了，我也不發菩提心了，我也不要證空證無了，我還是做我的小乘人吧。」

這時候佛陀出來了，他說：「舍利弗！剛才是天人來試驗你，菩薩道難行能行，難忍能忍，你要做菩薩，就要禁得起考驗；你要通過考驗，就要有真正的『無』。你剛才起瞋恨心，你就是還有『有恩於人』、『有對待』、『有高下』、『有分別的心』，這樣怎麼能進入菩薩位呢？」舍利弗聽了很慚愧。所以小乘人要發大心，證到無、證到空，並不是那麼簡單。

「無」，很偉大。

我們在社會上，在家庭裡面生活，要如何體會「無」的道理呢？比方說，家裡有一些是是非非，人家說你幾句、怪你幾句，無關緊要，不計較；什麼人對你不好、障礙你，不要緊，我無瞋恨、無報復心。因為你把自己安住在「無」裡面，所以就很有力量；安住在「無」裡面，就會如如不動。若老想著錢、想著名，心裡患得患失，就不平安了。有錢、沒錢沒關係，有地位、沒地位沒有關係，有兒女、無兒女沒有關係，有人對我好、沒有人對我好沒有關係。凡事我都沒關係，我都不要緊，那麼我就安住在「無」裡面。

無不是沒有，一樣可以有錢，可以有功名富貴，有朋友、有愛情……在事相上可以有，但是在心上要無，也就是「猶如木人看花鳥，何妨萬物假圍繞」，農夫在田裡立了木頭人，鳥怕它，也就不敢來啄食了。但是儘管田裡有許許多多的鳥兒、花草，木頭人卻絲毫不為外境所動搖。

我們在世間的生活，如果有了般若，會怎麼樣呢？「百花叢裡過，片葉不沾身」，好像從萬花開放的花園裡走過來，卻一片葉子都沒有停留在身上。

深深體會「無」：無為、無動、無住、無念的妙處，我們也就常享受無的快樂。

我出家後就沒有回過我剃度的常住。幾十年前，我從佛教學院畢業，回到我的剃度常住禮祖。我常住上的當家師是我師兄，我一回去，他就找了一間小樓房給我住。因為只有我一人，房間又這麼大一個，顯得空蕩蕩的，於是師兄就在我的房間裡擺了很多罈子、罐子。我記得他跟我講：「這個是年貨！」就是過年時，招待信徒、客人吃的糖果、餅乾之類，他用個罈子把它們都封了，封好之後，再用東西蓋著，擺放在那裡。

我經常會肚子餓，肚子餓了，就下樓來到處轉，跑著、轉著就為了等飯吃。雖然我肚子餓，不過我始終沒有去開過那些罐子。

有一天師兄跟我說：「你很好。」什麼很好？他說：「我擺在你房間裡的那些蜜棗、桂圓，你都沒有吃。」「你擺在我房間的蜜棗桂圓，你怎麼知道我沒有吃呢？」他說：「我做了記號。」

這一下我感到好慶幸，阿彌陀佛！假如我吃了，這下還得了嗎？在我師兄面前一定要失去人格了。現在想想，師兄也不好，跟自己的師兄弟相處，還做什麼記號呢？

我一直不喜歡東西很多，希望東西很少；東西多是拖累、是罣礙，要無才好。或許各位有好多件衣服，現在要外出了，這件衣服、那件衣服不斷地挑選著，挑選到最後，卻沒有一件合適的。其實，並不是沒有衣服，而是不中意，人不中意之時，多、有也等於沒有。

我們出家人只擁有一件衣服很好，今天在這裡，明天到高雄，後天見什麼重要人物，都是穿這一件，心無罣礙。

不要以為「無」不好，認為自己很窮，常常沒有錢，這個想法是錯誤的。無錢不窮，無心，對於什麼事都沒有真心才是貧窮。想一想，哪一樣東西不是我們的？山河大地，清風明月都是我們的，虛空宇宙都是我們的，法界是我們的，所以我們不窮。所謂「無」，虛空無相，所以能生萬物，能有森羅萬象。

無心無相，無心就不執著，你是我的爸爸，你是我的媽媽，你是我的兒子、女兒等等，出了家，我不這樣著相，那麼，天下人就都可以做我的父老兄弟姐妹了。我不執著那一個位置、那一件衣服才好，那麼處處都是好位置、隨意一件衣服都好穿，就能隨遇而安。

有一位高峰妙禪師，他在一個山洞裡修行。為了不准任何人去探望他，他一上到山洞去就把梯子丟了，所以沒人有辦法上得去。他一個人住在山洞裡，要吃飯了，就從上面把繩子吊下來，拿一點東西裹腹充饑。住在山洞裡，頭不剃，鬍鬚不刮，衣服不換，也沒有水洗澡，更沒有個朋友和他談話。

他在山洞裡一住就是多少年。有一天他修行圓滿了，有人問他：「你住在洞裡，沒有水，沒有剃頭，沒有衣服穿，沒有東西吃，又沒有朋友，怎麼過日子啊？」「我有一個『無』很好。我不剃頭沒關係，我心上的煩惱早就沒有了；我不洗澡沒關係，我心裡早就清淨了；我沒有衣服穿不要緊，我用佛道來莊嚴身心；沒有人跟我談話沒關係，十方虛空、日月星辰、山林裡的樹木花草，這一切不都是我的道友嗎？我沒有感覺到缺少，我沒有覺得寂寞。」

所以，「以無所得」，就可以「菩提薩埵」了。

日本橫濱總持寺有一尊中國大禪師石頭和尚的肉身不壞舍利。我去過日本幾次，每次都會去頂禮石頭和尚。

石頭和尚十二歲時，就拜禪宗六祖惠能大師做師父，但只親近了三年的時間，六祖就圓寂了。一個小孩能怎麼辦呢？石頭和尚本來的名字叫希遷，惠能大師要圓寂之前，希遷問他：「我出家以為能依靠你，現在你要圓寂了，我這麼小，怎麼辦呢？」

六祖告訴他，你「尋思去」。他以為師父的意思是叫他天天要參禪，要參話頭，要思想。從此以後希遷就天天打坐。坐了很久之後，一位老禪師對他說：「師父圓寂了，不趕快做點有用的事情，天天在這裡呆坐做什麼？」「我的師父叫我『尋思去』」。老禪師就指點他：「不是這個意思，你有一位大師兄叫做青原行思禪師，在青原山（六祖有兩個大弟子，一個叫南嶽懷讓，一個叫作青原行思），『尋思』就是叫你去找你的大師兄行思禪師。」於是希遷把二斤半的包包揹起來就找師兄去了。

這位師兄也是個開悟的大德。過去禪宗接引學人，人來了都要先給予考試一番。行思禪師看到來了這麼一個小師弟，就問他：「你從哪裡來？」希遷說：「曹溪來。」「什麼叫曹溪啊？」「就是你我的師父六祖大師住的地方啊！」

「從這麼重要的地方來，那麼你在曹溪得到什麼東西？」希遷回答說：「未到曹溪也未失。」意思是說，我沒有到曹溪去，也沒有失去什麼，我不必要得到什麼東西。我本來就有真如佛性，何必到曹溪去得這個東西，我不到曹溪也沒有失去什麼。

青原禪師再說：「既是如此，你何必又要到曹溪去呢？」既然沒有失去，你何必要到曹溪去呢？石頭希遷下面一句回答得很好，他說：「假如不到曹溪，怎麼知道沒有失去呢？」

真如佛性這個東西不可以說有，也不可以說無，說得什麼東西也不對，說失去什麼也沒有，無得無失。

心的大自由

無罣礙故，無有恐怖，遠離顛倒夢想，究竟涅槃。

「依般若波羅蜜多故，心無罣礙」，「無罣礙故」，因為無罣礙，也就「無有恐怖」，也就「遠離顛倒夢想，究竟涅槃」了。所以，依著「般若波羅蜜多」來修行，會怎樣呢？

首先談心無罣礙。我們的心罣礙太多，因為罣礙太多、負擔太重，所以感到很苦。據說過去有一個帝王想要編寫一部人類史，找了多少專家學者開會，預備編輯這部人類史。但是這些專家學者竟然天天開會，開了幾十年的會，還不知道如何寫法？皇帝一直在催促，這許多人實在不得辦法了，可總得要應付一下皇帝。怎麼應付呢？「人」一個字很簡單都寫不出來，那麼就寫六個字：人生、人苦、人死。

人出生了之後，就會有苦、就會死，這就是人類史。無論人生也好，人苦也好，人死也好，就只是一個東西，就只是一個罣礙，我們就是心裡的罣礙太多，所以患得患失。

日本有一個禪師叫作快川禪師，當某地和南邊的軍閥打仗時，有個澤田縣長跑來找快川禪師幫忙，因為快川禪師很有智慧，道行很高，縣長要他擔任參謀。

縣長要逼快川禪師做他的參謀，快川禪師不肯。「你不肯，我就帶部隊把寺廟包圍起來！」「就是包圍住，我也不肯答應。」「不肯，我就放火燒你的房子。」就這樣，房子從廟門口開始被縱火燒了起來。

這裡面有好多的修行人，大家就往寺後逃，逃到不得地方逃了，就往屋頂上逃。這時候，快川禪師叫大家坐下來參禪，大家都配合著坐下來。接著，禪師說：「現在請大家參一個問題，在大火裡面如何捉犯人？在熊熊大火裡，我們要如何來說法布教？如何度眾生？」道行不夠的人就說：「唉呀！生命都受到威脅了，還要什麼說法度眾生呢？」禪師說：「有修行的人遭遇危難時，總能很安然，縱使在大火裡面，也能先把心定下來，沒有罣礙，面對生死，無怖、無懼、無畏，那麼我在這裡就是說法了。」

所以，快川禪師說道：「參、參、參！」要大家趕快參。

「參禪何須山水地，滅卻心頭火自涼」——參禪那裡一定要找有山有水的地方，山明水秀好修行，這有什麼功夫？只要把你心裡的罣礙，把你心裡的恐怖，把你心裡的念頭滅卻，大火也是清涼的。

所以說過去古代有修養的人，「泰山崩於前而色不變，麋鹿興於左而目不瞬」；孟子「吾善養浩然之氣」。只要滅卻心頭的罣礙，心裡自能清涼。或許有人說：「我還沒很深的體驗功夫，在這個時刻能怎麼做，我也不知道。」我可以說自己的經驗。

二十一歲那一年，我在一所國民小學擔任校長，無緣無故卻被逮捕。幾十個人被關在一個地方，往往今天拖兩個去槍斃，明天拖一個出去，打得皮開肉爛，再弄個門板把他抬回來。

有一天，他們用繩子把我綁起來，拖著就要走了，一路上，五步一崗，十步一哨。心想：「這不是拖了去槍斃嗎？」面臨死亡是什麼感覺，我有了這一點經驗。之後雖然也有多次面臨死亡的經驗，但是對於這次的印象特別深。記得當時天上雖有太陽，卻覺得昏暗無光；地本來是平的，卻感到崎嶇不平。但是心裡並沒有害怕，只是感覺到自己馬上就要死了，我什麼也沒有做，現在就這樣死了，師父也不知道、母親也不知道，人就像水泡一般破滅了，一切就沒有了，如此而已。那個時候，我就生起了這種無常的感受。後來才發現，原來不是要槍斃我，只是在走了很遠之後，把我換到了另一個地方去關罷了。我很感謝這個經驗。

另外還有一次，記得是一九五八年左右，我在北投有一個小房子，取名叫作普門精舍。當精舍建好沒多久，就來了一個大颱風，因為後山的泥土坍塌，把後面的廚房壓壞了。那麼大一座山，這一坍塌，把房子壓壞了沒關係，人都壓死了，怎麼辦？

在那個時候，我並沒有想到財產的損失，沒有想到多麼危險，興起的第一個念頭是什麼？我沒有福氣，一定有很多人要恥笑我，「你看星雲某人沒有福氣，好不容易有了一間房子，土塌下來，什麼都沒有了。」那可真是沒有面子了。第一個念頭想到的是這個，這還是有「我」，不過心裡又再想，這怎麼修理？趕快叫人找工人來修。但是已經晚上十點了，有個工人來一看，「這沒有辦法修。」這麼遲了，要到哪裡找工人啊？沒辦法。更何況這修一下也不是幾天的事情，我一看事實如此，只好拜託人明天早一點找工人來修。之後，大家都睡覺去了，也沒有想到恐怖，一直睡到第二天天亮，跑到後面探看，才知道狀況真是驚險萬分，幸好並沒有倒塌。

所以，面臨危險要鎮靜。每一個人其實都有這個能力，而佛教則可以訓練我們增強力量，增強定力，不讓人生天天活在痛苦、恐怖、顛倒、罣礙裡頭。

心裡沒有罣礙有什麼好處？有一個老公公，他年輕美貌的女兒生病了，於是找醫生看病，卻怎麼樣都治不好。這個老人家愛女心切，就跑來找誠拙禪師幫忙。

「老禪師，拜託替我的女兒看病。」

「我又不是醫生，我怎麼能替你女兒看病。」

「老禪師，你的法力無邊，我只要請你在佛前替我的女兒念念經、消消災，一定就好了。」

「這樣呀，好。你要我替你的小姐念經，要不要講開示？」

「要。」

「好！黃金一百一十九兩，白米一百擔，代價就是這麼多，你要知道，我的寺廟有很多人要吃飯。」老人家是一個大富翁，什麼沒有就是有錢，「沒關係，黃金一百一十九兩，給你；白米一百擔，也給你。」

「那麼就請你把女兒帶來跟我見面，我跟她講講話吧。」

老公公的女兒來了，禪師說：「小姐，你的爸爸為了妳，叫我替妳念經消災作福。他給了我一百一十九兩的黃金，一百擔的白米。這許多錢、許多米拿到我的寺廟裡，幾百人吃用，至少有四、五個人會成佛，至少有十幾個人會做菩薩，至少會有二、三十個人作羅漢。你們家裡的錢財供養了諸佛，供養了諸位菩薩，也供養了諸位羅漢，功德很大，你獲得的功德也會很大。因為妳的病，我廟裡面臨的問題都得到解決了，現在你可以安心去死了。」

結果，小姐聽了這話以後，心想：「我功德很大？那我怕什麼？我不應該怕！我還有什麼罣礙？正如誠拙禪師講的，我供養過諸佛，供養過菩薩，供養過羅漢，我功德很大。」就這樣，她的病好了。為什麼不死呢？原本她怕男朋友不愛她、不喜歡她，怕這個、怕那個，心裡的罣礙很多，當然就生病，當她不再罣礙了，病也就好了。

我們人生有很多的毛病，從哪裡來？從罣礙來的，罣礙會讓人生病。平常我們講疑心病，疑心會讓人生病，嫉妒心也會讓人生病。我們若能心無罣礙，也就無有恐怖了。

人還有一個毛病，就是「恐怖」，怕沒有錢，怕沒有地位，怕丈夫不愛我，怕兒女不孝順，怕錢財給人家倒閉，怕貨幣貶值，存到銀行也不放心。有一天恐怖也會成為病。

有的人晚上走路，總是覺得不大對勁，感覺後面好像有鬼跟過來；聽到一點聲音，就要趕緊快走，卻發現，不得了！它走得更快，心裡就恐怖起來。假如你能有勇氣，就說：「站下來！讓我看一看鬼是什麼面目？」其實並沒有鬼，鬼在哪裡？鬼在我們心裡。

世間上究竟有沒有鬼？我們不要說鬼道的眾生是鬼，其實世間上的人就是鬼，甚至人比鬼更可怕。人怎麼會是鬼呢？打牌的人叫賭鬼，吃酒的人叫酒鬼，好色的人叫色鬼，甚至還有貪財鬼、懶惰鬼，你們看，世間上的鬼多不多？多得很。原來鬼是人，人很恐怖！

但是只要我們心直，就不怕鬼，平日不作虧心事，半夜敲門心不驚；站在船頭穩，不怕浪來顛。

多不如一，一個空、一個無，就很好了，我們的人生不要貪多。

大家都是佛。過去佛、現在佛、未來佛，佛佛道同。佛的法身遍滿虛空，你的心如空，他的心也如空；你的法身自性如虛空，他的法身自性也如虛空；你如虛空，他也如虛空，大家還會互相吵架嗎？不會。為什麼？就好比這個佛殿裡的燈，這一個燈、那一個燈，這裡有燈，那裡也有燈，把燈統統點亮起來，也不會互相妨礙，為什麼？光光無礙，道是無礙的，佛性是普遍無礙的，空是無礙的。

無有恐怖就「遠離顛倒夢想」。眾生顛倒什麼？明明有真如佛性，他不知道，就說無；明明世間上沒有功名富貴，他偏要認真追求，這就是顛倒了。

我年輕的時候，常有人問我：「法師，你年紀這麼輕，就吃素、出家了，不能去跳舞、不能去看電影，也不能吃魚吃肉，你為什麼要這麼消極呢？好可惜噢！」跳舞、打牌、吃喝玩樂，就叫積極嗎？守道、守貧、守德，弘法利生，這就是消極嗎？這是一個顛倒的看法。釋迦牟尼佛在菩提樹下、金剛座上成道，第一個念頭是什麼？要涅槃。

有人勸請：「不行、不行，你要度眾生。」佛陀說：「我不能度眾生。」為什麼？「我所證悟的道和世間人所認識的是相反的，他們要的我都說不能要，我叫他們要的，他們都說不要。我說的佛法和他們所言的不一樣，他們會毀謗造罪，不能弘法，不能度眾生。」「你不能這樣講，這只是一部分的眾生這樣，大部分的眾生都是因道才能得度的。」正因為天人的勸請，佛陀後來才說法度生。

常有人說：「出家人，男的比丘也不結婚，女的比丘尼也不嫁人，不吃肉也不吃魚，太可憐了，佛法實在太不人道了。」佛法當然不人道，佛法要什麼道？要佛道，要出離了人道才能合於佛道。我們貪戀於人道，怎麼能進入佛道呢？佛教不是叫每一個人都不要人道，但是有一部份的人要想超越人道而進入佛道，這又有什麼不可呢？

有人請仙崖禪師寫對聯，仙崖禪師說：「好！」於是他拿起筆來寫下：「父死、子死、孫死」。

這個人一看大怒，「我請你說好話，你怎麼說壞話、難聽的話呢？」「這怎麼會難聽？這是好話。父親死了以後兒子才死，兒子死了以後孫子才死，不這樣，難道孫子要先死嗎？」所以有人總是顛倒，不肯順著道理，順著時光，順著正常，以為這是不好，其實很好。

唐伯虎也是如此，有一個人的媽媽過八十歲生日，於是請唐伯虎到家裡吃飯，吃過飯後，就請他題個詩。唐伯虎寫：「這個女子不是人」。唐伯虎說：「好辛苦！倒一杯茶來吃。」這個人就在那裡拖延時間，心裡想著：「怎麼罵我媽媽，這個女子不是人呢？」但是唐伯虎名氣實在太大了，不敢動也不敢講，只能在心裡不高興，「今天這一餐真是請得冤枉，他不但不讚美人，還罵我媽媽不是人。」

過了好久，唐伯虎又接下去寫：「九天仙女下凡塵」，「好啊！好啊！」這是當然的，媽媽不是普通人，是九天仙女下凡塵。之後再寫：「養個兒子會作賊」，這個人心裡又嘀咕了，「莫名其妙，怎麼第三句寫得這麼難聽，養了我這個兒子是做賊的？我什麼時候偷過人家的東西？」

過了好久，他又再寫了一句：「偷得仙桃供母親」。「好好好！到天宮裡面偷仙桃供母親，有意義！」

所以，人都活在語言、思維、慣性的顛倒妄想裡。說「這個女子不是人」，他不高興，他在顛倒；「九天仙女下凡塵」，他很高興，他在妄想；「養個兒子會作賊」，他又不高興了，顛倒；「偷得仙桃供母親」，看了真是令人高興，又是一個妄想。人總是這樣，顛倒妄想、妄想顛倒，循環不已，漂溺苦惱。

有位飛錫禪師，一天跟大家閒談：「各位有沒有看過人是頭南腳北手東西、坐著死？」很多出家人都說看過。「站著死，你們看過沒有？」「某某地方、什麼人站到那裡死了，這也看過。」「頭朝下，腳朝上死，你們看過嗎？」「沒有，我死給你們看！」於是他頭朝下，腳朝上就死了。寺院裡面，人死了是很平常的事，就埋葬了吧。但飛錫禪師死在那個地方，就好像銅柱子一樣，搬也搬不動，推也推不開。

飛錫禪師本來叫作隱峰禪師，因為姓鄧，所以大家叫他鄧隱峰。有一次，兩邊的軍隊打仗，他跑了上去，大喊：「不要打了，不要打了！」兩邊的軍隊在打仗，那裡是一個和尚來叫說不要打了就不要打了！還是繼續打。隱峰禪師有神通，他說：「你們還要打呀？好，看我的！」於是他把錫杖朝天空一丟，自己也飛了上去，與錫杖在那裡共舞。兩邊的軍隊看到和尚在天空中與錫杖共舞，覺得很好玩，也就不再打仗了。所以後來，他就有了「飛錫禪師」的稱號。

飛錫禪師連死都要開玩笑，他的妹妹是比丘尼，接到人家通知她哥哥死了的消息，就趕來了。這個比丘尼妹妹很了不起，她說：「哥哥，你在生時裝模作樣，迷惑人間，現在你死了，也還用這種顛倒妄想來迷惑人嗎？」妹妹上前一推，飛錫禪師的身體就倒下來了。

有時候人在思想上顛倒、見解上顛倒、人情上顛倒、語言上顛倒、心理上顛倒，七顛八倒，苦惱逼身，唯有心無顛倒，才能究竟涅槃。所謂「究竟涅槃」，「涅槃」又叫作「滅度」。滅，是滅兩種障礙，一滅「煩惱障」，二滅「所知障」；度，是度兩種生死，一度「分段生死」，二度「變異生死」。

眾生的煩惱很多，要把煩惱障滅了才能涅槃，另外，還要滅所知障，亦即智識也要滅，分別的知識也要滅。我們現在雖然在求知識，但是等到我們有了般若智慧，一定也要把這個分別的知識去了、滅了，不然知識也是障礙，「所知障」就是一種執著、成見。

度二種生死，一是度「分段生死」。人死了變成牛，牛又再變成天、人、地獄、餓鬼、畜生，一段一段的生命，叫作「分段生死」。二是「變異生死」，就是一個人的生死、進化，在變異中，逐漸的進入佛道，生死去了，慢慢地就可以成道了，不須要經過分段。

所謂涅槃者，就是不生不滅的意思；所謂涅槃者，就是不生不死的意思。沒有生死了，沒有生滅了，沒有苦了，我就涅槃了。釋迦牟尼佛在菩提樹下、金剛座上成等正覺，成等正覺就是證悟涅槃。證悟涅槃，就是證道的意思，不是「死」的意思，況且釋迦牟尼佛是證悟涅槃後才度眾生的。可是現在的人都把「涅槃」跟「死」擺在一起，什麼人死了，就是「得大涅槃」，以為「死」就是個「涅槃」，所以給人看到涅槃就害怕。其實涅槃是不死的生命，完成的人生就叫作涅槃。

夢窗國師有四句話：「無病是第一利，知足是第一富，善友是第一親，涅槃是第一樂。」世界上什麼最快樂？吃得好、穿得好都不算最快樂，最快樂的是什麼？涅槃最快樂。涅槃裡沒有生死、沒有生滅，是完全的人生。涅槃裡有四種德：常樂我淨。世間不常，涅槃是恆常的生命；世間不是真樂，涅槃是真的快樂；世間上沒有真我，涅槃裡面才是真我；世間上沒有真正的清淨，涅槃裡面才是真淨。「常樂我淨」是涅槃的四德，學佛應該求常樂我淨。

三世諸佛，依般若波羅蜜多故，得阿耨多羅三藐三菩提。

「依般若波羅蜜多故」，可以「得阿耨多羅三藐三菩提」，阿耨多羅三藐三菩提是「無上正等正覺心」的意思；依般若、佛道才能「般若波羅蜜多」，才能成佛。

故知般若波羅蜜多，是大神咒，是大明咒，是無上咒，是無等等咒，能除一切苦，真實不虛。故說般若波羅蜜多咒，即說咒曰：揭諦揭諦，波羅揭諦，波羅僧揭諦，菩提薩婆訶。

「故知般若波羅蜜多，是大神咒」。意思就是擔心前面的人對這個「般若波羅蜜多」的道理沒有辦法明白，那麼就教你念這個咒語，意義也和「般若波羅蜜多」是一樣的。

「是大神咒」，譬喻般若有極大的力量，神通自在。「是大明咒」，表示般若是光明的，可以照破愚痴。「是無上咒」，般若法門當中沒有比它更好的了。「是無等等咒」，沒有一法可以和這一個「般若」平等。般若、涅槃都是一樣，沒有東西能和它平等。

般若「能除一切苦，真實不虛」，「故說般若波羅蜜多咒」，意思是：我現在再給你們一個「般若波羅蜜」的咒語。「即說咒曰」，這個咒語怎麼說法？「揭諦揭諦，波羅揭諦，波羅僧揭諦，菩提薩婆訶」。

用台灣話講，就是「走啦！回去啦！」就是去的意思。「波羅揭諦」，波羅，就是波羅蜜多，就是到彼岸。「揭諦」就是去，就是到彼岸去、到佛國去、到涅槃去。「波羅僧揭諦」，波羅，還是到彼岸的意思。「僧」是大眾、和合僧，「揭諦」又是去的意思。整句把它作翻譯，就是「大眾一起來去」。「菩提薩婆訶」，願證菩提、願成正覺，希望我們可以很快證得「薩婆訶」。

所以，「揭諦揭諦，波羅揭諦，波羅僧揭諦，菩提薩婆訶」，翻譯成白話文就是：去、去，到彼岸去，到佛國去，大家一起來去，願大眾速疾證得正覺的般若。

附錄　心經關鍵字

心

人有好多種心：肉團心、緣慮心、精要心、堅實心。

草木也有心，但跟人的心不一樣，草木的心只是一種物理上的反應。「肉團心」，就是心臟，心臟一停，人就不能活命了。「緣慮心」，就是思想、分別的心。它能分別好壞、男女、大小、高矮等。本質是一種妄想，是不實在的分別計量。過去的已經過去，未來的還沒有到來，現在的心又是念念不停，所以心常分別而不安。「精要心」，它是指能積聚諸經中所有的核心要義，如般若心經積聚大般若六百卷之精要；也是一種有規律的見解，有規律的正見，有正見的認識。

至於「堅實心」，就是具有正見、能見到真理、能見到般若的心——也稱「真心」，也就是如同金剛般堅固的心。《般若心經》所指的「心」，不是草木心、肉團心、緣慮心、精要心，而是堅實心——也就是「真心」；是以真心為中心，是整個佛法的心要。

波羅蜜（多）

梵文的慣用語，「事已成辦」的意思。在佛學中是指「到達彼岸（了）」的意思。「六波羅蜜」即是所謂「六度」，就是「六種得度的方法」：布施、持戒、忍辱、精進、禪定、般若等到達彼岸的六種方法。

五蘊

又叫「五陰」，指色、受、想、行、識。「色」就是身體上物質的部分，「受、想、行、識」是精神的作用。「受」是身心能感受到苦樂，「想」就是思想分別，「行」是行為，「識」就是我們的意識。五蘊指的是「我」就是由「色、受、想、行、識」五種東西積聚而成的，有了物質的身體，便能感受苦樂，產生思想分別，有所行為，產生精神的主體——意識心。《楞嚴經》所講述的修行的過程，也就是五蘊境界依序盡除，「生因識有，滅從色除」的次第順序。

空

緣起性空。「空」裡面沒有主客相對、因果相續，空裡面是本來面貌，不生不滅，不垢不淨、不增不減。《般若心經》說「照見五蘊皆空」，也就是照見我是空的，就是「無我」。空如水性，有如波浪。空有不二，空中生妙有，所謂「色即是空，空即是色」，也就是「以出世的精神做入世的事業」。空就是實相，實相是本體；

萬物依緣而幻化，若依本體而起，也就是空相。

眼耳鼻舌身意

眼耳鼻舌身意叫作「六根」，又稱「六入」，「根」就等於現在醫學界所說的神經系統。眼根就是視神經，耳根就是聽覺神經。視覺、聽覺、味覺、嗅覺、觸覺神經，再加上意識的心理作用，可起分辨的作用，就叫「六根」。

色聲香味觸法

色聲香味觸法叫作「六塵」，「塵」有染污、動搖的意思。塵，是物理的作用，六根是我們主觀的感受，六塵就是客觀的境界。

六識

眼耳鼻舌身意等「六根」會分別形成意識，稱為「六識」。分別為：眼識、耳識、鼻識、舌識、身識、意識。

十八界

六根、六塵、六識合起來，叫作「十八界」。眼界、耳界、鼻界、舌界、身界、意界，色界、聲界、香界、味界、觸界、法界，眼識界、耳識界、鼻識界、舌識界、身識界、意識界。《般若心經》文中用簡略語法，故稱：無眼界，乃至無意識界。

十二因緣

無明緣行，行緣識，識緣名色，名色緣六入，六入緣觸，觸緣受，受緣愛，愛緣取，取緣有，有緣生，生緣老死；我們的人生從過去到未來，就是這十二種程序的關係。《般若心經》文中用簡略語法，故稱：無無明，亦無無明盡；乃至無老死，亦無老死盡。

苦集滅道

「苦集滅道」是佛法的綱要，它說明了整個人生的次第，也叫作「四聖諦」——四種真理的意思。第一是苦，能逼迫身心者。第二是集，能招感一切善惡。第三是滅，指滅了生死煩惱。第四是道，是可修可證得。集為苦因，道為滅因。

菩提薩埵

梵文音譯，就是「覺悟眾生」之意，中文常簡稱「菩薩」。要怎麼成為菩薩呢？要以「無所得」才能到達菩薩道，有相、有對待、有執著、有人我，就與真理不相應。無相的、無我的、無對待的，與真理相應的，成就了菩薩道。

涅槃

不生為「涅」，不滅為「槃」，合起來就是「不生不滅」的意思。如果修行到了覺悟不生不死的境界，那就是涅槃真如做本體了。涅槃裡沒有生死、沒有生滅，是完全的人生——「常樂我淨」的境界。

三世諸佛

過去、現在、未來合稱「三世」，在過去、現在、未來適合的時空，都有佛陀世尊悲憫眾生，駐世弘法。因此，「三世諸佛」即泛指過去、現在、未來的駐世佛陀。

阿耨多羅三藐三菩提

梵文「無上正等正覺」的音譯，「阿」即「無」的意思，而「耨多羅」則為「更高、更上」的意思，「三」為「普遍、正確」的意思，「藐」則為「位階」之意，「菩提」則是「覺知、智慧」。「阿耨多羅三藐三菩提」指的是最高覺悟、最高感受的境界，就是修行人所追求的成佛的境界，也譯作「無上正遍知」或「無上正道」。

咒

梵語音譯「陀羅尼」，又名「真言」，又名「總持」——總持諸法的意思。是諸佛世尊修行的心法綱要，轉為和宇宙「同體大悲」的音聲，以發自內心的真誠誦念，會得到佛菩薩的加持，修行大得利益。

看世界的方法〇一〇

般若心經的生活觀

作者：星雲大師

文稿處理及校對：釋妙廣、釋如常、佛光山法堂書記室、許悔之、蔡孟樺、盧　敏、林志隆、謝恩仁、楊宜倩

封面設計：黃聖哲

美術設計：謝東芸

董事長：林明燕

副董事長：林良珀

藝術總監：黃寶萍

執行顧問：謝恩仁

總經理兼總編輯：許悔之

主編：楊宜倩

設計指導：林宜德

行銷企宣主任：孫正寰

辦公室主任：李曙辛

策略顧問：黃惠美・郭旭原・郭孟君

顧問：詹德茂・謝恩仁・林志隆

法律顧問：國際通商法律事務所／邵瓊慧律師

出版：有鹿文化事業有限公司

電話：〇二—二七七二—七七八八

地址：台北市大安區濟南路三段二十八號七樓

傳真：〇二—二七一一—二三三三

網址：http://www.uniqueroute.com

電子信箱：service@uniqueroute.com

總經銷：紅螞蟻圖書有限公司

地址：台北市內湖區舊宗路二段一二一巷二十八號四樓

電話：〇二—二七九五—三六五六

傳真：〇二—二七九五—四一〇〇

網址：http://www.e-redant.com

特許發行：香海文化事業有限公司

地址：台北市信義區松隆路三二七號九樓

台北縣三重市三和路三段二七號六樓

電話：〇二—二九七一—六八六八

網址：http://www.gandha.com.tw

ISBN：978-986-6281-03-7

初版：二〇一〇年五月

初版十二刷：二〇一〇年六月四日

二版十七刷：二〇一一年四月一日

定價：二七〇元

國家圖書館出版品預行編目資料

般若心經的生活觀 / 星雲大師主講. -- 初版. -- 台北市：有鹿文化，2010.05

面；　公分. --（看世界的方法１０）

ISBN 978-986-6281-03-7（平裝）

1. 般若部

221.45　　99004931